学习贯彻习近平新时代中国特色社会主义经济思想
做好“十四五”规划编制和发展改革工作
| 系列丛书 |

推动脱贫攻坚和特殊类型地区振兴发展

丛书编写组　编著

中国计划出版社　中国市场出版社 China Market Press
·北京·

图书在版编目（CIP）数据

推动脱贫攻坚和特殊类型地区振兴发展 / 学习贯彻习近平新时代中国特色社会主义经济思想 做好“十四五”规划编制和发展改革工作系列丛书编写组编著. -- 北京 : 中国计划出版社 : 中国市场出版社有限公司, 2020.8（2020.11重印）

（学习贯彻习近平新时代中国特色社会主义经济思想 做好“十四五”规划编制和发展改革工作系列丛书）

ISBN 978-7-5182-1225-5

Ⅰ. ①推… Ⅱ. ①学… Ⅲ. ①习近平新时代中国特色社会主义思想—学习参考资料②扶贫—中国—学习参考资料 Ⅳ. ①D610②F126

中国版本图书馆CIP数据核字(2020)第170745号

推动脱贫攻坚和特殊类型地区振兴发展

TUIDONG TUOPIN GONGJIAN HE TESHU LEIXING DIQU ZHENXING FAZHAN

编　　著：丛书编写组
责任编辑：秦　洁　康媛媛
装帧设计：蒋宏工作室

出版发行：中国计划出版社　中国市场出版社
社　　址：北京市西城区木樨地北里甲11号国宏大厦C座3层（100038）
电　　话：（010）63906433（发行部）
网　　址：www. jhpress. com

印　　刷：北京中科印刷有限公司
规　　格：170mm × 240mm　1/16开本
印　　张：18.25　字　　数：191千字
版　　次：2020年8月第1版　印　　次：2020年11月第3次印刷
书　　号：ISBN 978-7-5182-1225-5
定　　价：46.00元

前言

习近平总书记多次赴老少边贫等特殊类型地区调研，发表重要讲话，作出重要批示指示，强调贫穷不是社会主义，如果贫困地区长期贫困，面貌长期得不到改变，群众生活长期得不到明显提高，那就没有体现社会主义制度的优越性，那也不是社会主义。让贫困人口和贫困地区同全国人民一道进入全面小康社会，是党的庄严承诺。党的十八大以来，在以习近平同志为核心的党中央坚强领导下，党和国家事业发生历史性变革，取得历史性成就，中国特色社会主义进入新时代，老少边贫等特殊类型地区振兴发展也取得积极成效，脱贫攻坚取得决定性成就，区域性整体贫困基本得到解决，革命老区振兴发展迸发新活力，边境地区经济社会发展成效显著，民族地区中华民族共同体意识持续增强，生态退化地区治理和生态补偿取得积极进展，资源型地区转型取得阶段性成果，老工业城市新旧动能加快转换。这些成就充分彰显了社会主义制度的优越性，为“十四五”时期深入推动特殊类型地区振兴发展打下坚实基础。

“十四五”时期，要以习近平新时代中国特色社会主义经济思想为指导，支持欠发达地区、革命老区、民族地区、边境地区、生态退化地区、资源型地区和老工业城市等特殊类型地区振兴发展，巩固拓展脱贫攻坚成果，加快构建优势互补高质量发展的区域经济格局，解决人民日益增长的美好生活需要和不平衡不充分的发展之间的矛盾，加快社会主义现代化建设。

为深入学习贯彻落实习近平总书记关于扶贫工作和特殊类型地区振兴发展重要论述，特编写本书。本书充分阐述了习近平总书记关于扶贫工作和特殊类型地区振兴发展重要论述的重大意义及丰富内涵，对“十三五”时期推进脱贫攻坚和特殊类型地区发展的进展和成就进行总结，对“十四五”时期促进特殊类型地区振兴发展的总体思路进行展望。

本书在把握战略性和前瞻性的基础上，也注重学术性和可读性。我们期望，本书能够对关注脱贫攻坚和特殊类型地区振兴发展的读者有所启示，对共同促进“十四五”时期特殊类型地区振兴发展发挥积极作用。

本书编写组

2020 年 8 月

目 录

第三章
党的十八大以来脱贫攻坚和特殊类型地区振兴发展取得了历史性成就

第一章

充分认识习近平总书记关于扶贫工作和特殊类型地区振兴发展重要论述的重大意义

习近平总书记关于扶贫工作和特殊类型地区振兴发展的重要论述，是习近平新时代中国特色社会主义经济思想的重要组成部分，是马克思主义反贫困理论中国化的最新成果，是打赢脱贫攻坚战、促进特殊类型地区振兴发展的根本遵循，具有深刻的时代内涵。

第一节

习近平新时代中国特色社会主义经济思想的重要组成部分

党的十八大以来，以习近平同志为核心的党中央把脱贫攻坚摆到治国理政的突出重要位置，就脱贫攻坚和特殊类型地区振兴发展的目标、路径、政策、机制、责任落实等作出了全面部署，深刻阐释了新时代我国脱贫攻坚和特殊类型地区振兴发展的重大理论和实践问题，提出了一系列新理念新思想新战略。习近平总书记关于扶贫工作和特殊类型地区振兴发展的重要论述，是习近平新时代中国特色社会主义经济思想的重要组成部分，是打赢脱贫攻坚战、决胜全面建成小康社会、促进特殊类型地区振兴发展的根本遵循。

一、始终坚持加强党的集中统一领导，体现了新时代强烈的政治担当、历史担当

党政军民学，东西南北中，党是领导一切的。新中国成立以来，中国共产党领导全国人民持续向贫困宣战。改革开放以来，国家实施大规模、有计划的扶贫开发，贫困地区生产生活条件不断改善，贫困人口不断减少。党的十八大以来，以习近平同志为核心的党中央动员全党全国全社会力量，以非凡的意志、超常的举措，打响了我国减贫史上规模最大、力度最强、惠及人口最多的脱贫攻坚战，创造了中国减贫史和世界减贫史上前所未有的成就，谱写了人类发展史上的壮丽篇章。

党的十八大以来，以习近平同志为核心的党中央从全面建成小康社会的全局出发，把脱贫攻坚工作纳入“五位一体”总体布局、“四个全面”战略布局，作为实现第一个百年奋斗目标的重点任务，作出一系列重大部署和安排，脱贫攻坚力度之大、规模之广、影响之深前所未有，取得了决定性成就。实施中央统筹、省负总责、市县抓落实的管理体制，片为重点、工作到村、扶贫到户的工作机制，党政一把手负总责的脱贫攻坚工作责任制，做到有计划、有资金、有目标、有措施、有检查，人、财、物统筹规划，凝聚各方力量推进脱贫攻坚。动员和凝聚全社会力量广泛参与，坚持专项扶贫、行业扶贫、社会扶贫等多方力量有机结合，东西部扶贫协作、

定点扶贫、消费扶贫等多种机制互为支撑，积极构建大扶贫格局。对口援疆援藏和东西部扶贫协作深入开展，已经成为我国推动区域协调发展、协同发展、共同发展的大战略，成为加强区域合作、优化产业布局、拓展对内对外开放新空间的大布局，是实现先富帮后富、最终实现共同富裕目标的大举措。实践证明，正是有中国共产党的坚强领导，我国脱贫攻坚才取得了令世人瞩目的辉煌成就，也只有在中国共产党领导下，充分发挥中国特色社会主义制度的优越性，才能实施如此宏大、如此艰巨的伟大工程。

二、始终坚持以人民为中心的发展思想，蕴含着浓浓的为民情怀、赤子之心

习近平总书记多次强调，人民是历史的创造者，是决定党和国家前途命运的根本力量，必须坚持人民主体地位，坚持立党为公、执政为民，践行全心全意为人民服务的根本宗旨，把党的群众路线贯彻到治国理政全部活动之中，把人民对美好生活的向往作为奋斗目标，依靠人民创造历史伟业。为中国人民谋幸福，为中华民族谋复兴，是中国共产党人的初心和使命。新中国成立以来，中国共产党始终坚持全心全意为人民服务的根本宗旨，始终把群众路线作为党的生命线，带领全国各族人民脱贫致富，满足人民对美好生活的向往。贫困人口是人民群众的重要组成部分，是中国共产党最需要维护好、实现好、发展好其根本利益的弱势群体。让

人民过上好日子，是党中央实施脱贫攻坚的出发点和落脚点，打赢脱贫攻坚战就是对以人民为中心的发展思想最深刻、最生动的诠释。

党的十九大把坚持以人民为中心确定为新时代坚持和发展中国特色社会主义的基本方略。习近平总书记指出，人民为中心的发展思想，不是一个抽象的、玄奥的概念，不能只停留在口头上、止步于思想环节，而要体现在经济社会发展各个环节。[1] 在习近平总书记关于扶贫工作的重要论述中，强调最多的就是人民，最鲜明的特点就是永葆对人民群众特别是贫困群众的赤子之心，就是自然流露出的朴素真挚的人民情怀。习近平总书记指出，要坚持在发展中保障和改善民生，不断满足人民日益增长的美好生活需要，不断促进社会公平正义，使人民获得感、幸福感、安全感更加完善、更有保障、更可持续。[2] 对困难群众，我们要格外关注、格外关爱、格外关心，千方百计帮助他们排忧解难，把群众的安危冷暖时刻放在心上，把党和政府的温暖送到千家万户。[3] 习近平总书记的重要论述，深刻回答了发展为了谁、依靠谁的根本问题，体现了以习近平同志

[1]《习近平在省部级主要领导干部学习贯彻十八届五中全会精神专题研讨班开班式上发表重要讲话强调 聚焦发力贯彻五中全会精神 确保如期全面建成小康社会》，《人民日报》2016 年 1 月 19 日。

[2]《习近平在亚太经合组织工商领导人峰会上发表重要讲话 抓住世界经济转型机遇 谋求亚太更大发展》，《人民日报》2017 年 11 月 10 日。

[3]《习近平到河北阜平看望慰问困难群众时强调 把群众安危冷暖时刻放在心上 把党和政府温暖送到千家万户》，《人民日报》2012 年 12 月 31 日。

为核心的党中央坚持发展依靠人民、发展为了人民、发展成果由人民共享的理念，体现了心系民生、心系贫困地区和贫困群众的政治信守，蕴含了中国共产党的根本政治立场，诠释了中国共产党全心全意为人民服务的根本宗旨和为人民谋幸福的不变初心，体现了人民是推动发展的根本力量的唯物史观，指明了新时代中国特色社会主义的根本追求，是中国共产党始终以人民为中心发展思想的最充分、最生动体现。

三、始终坚持新发展理念，具有鲜明的时代性、科学性和实践性

发展是解决我国一切问题的基础和关键。党的十八大以来，习近平总书记立足新时代发展要求，立足我国社会主义初级阶段的基本国情和社会主要矛盾的发展变化，对打赢脱贫攻坚战进行了一系列重大部署，要求新时代脱贫攻坚工作要始终坚持新发展理念。习近平总书记强调，“十三五”时期，必须坚持把解决好“三农”问题作为全党工作的重中之重，牢固树立和贯彻落实新发展理念。习近平总书记的重要论述，为脱贫攻坚必须以新发展理念为统领和遵循指明了方向，提供了指南。习近平总书记反复强调让广大人民群众共享改革发展成果，是社会主义的本质要求，全面实现小康，少数民族一个都不能少，一个都不能掉队，这充分彰显了以习近平同志为核心的党中央始终不渝走共同富裕道路的信念和决心，既是党

中央决胜脱贫攻坚、全民共享全面小康成果的充分体现，也是各民族在中华民族大家庭中手足相亲、守望相助、团结和睦、共同发展的生动写照。

新发展理念既来源于实践，又指导实践。在习近平总书记关于扶贫工作的重要论述指引下，新时代的脱贫攻坚工作，始终贯穿创新、协调、绿色、开放、共享的发展理念，更加注重发展动力的创新、发展能力的协调，更加注重在发展中践行“绿水青山就是金山银山”的理念，保护好生态、保护好环境，更加注重内引外联激发后发优势，确保让贫困人口和贫困地区共享发展成果。

第二节

马克思主义反贫困理论中国化的最新成果

马克思主义反贫困理论深刻阐释了贫困问题现象和本质，提出了解决贫困问题的方法和途径。党的十八大以来，习近平总书记在继承马克思消除贫困思想的基础上，继往开来、创新发展，运用马克思主义基本原理、立场和方法，分析我国贫困问题特征及深层次矛盾，科学提出了符合辩证唯物主义和历史唯物主义的脱贫攻坚总体思路和策略方法，对贫困问题作出了符合新时代实际的科学判断，为脱贫攻坚提供了强大思想武器，这是马克思主义反贫困理论与中国脱贫攻坚最新实践相结合的最新成果，具有深刻的时代内涵。

一、丰富了马克思主义反贫困理论中国化的基本内涵

马克思主义科学揭示了人类社会发展的客观规律，指出生产力和生产关系、经济基础和上层建筑相互作用、相互制约，支配着整个社会发展进程。解放和发展社会生产力是社会主义的本质要求，只要人民成为自己的主人、社会的主人、人类社会发展的主人，共产主义理想就一定能够在不断改变现状的现实运动中一步一步实现。经过几十年的努力，我国已稳定解决了十几亿人的温饱问题，总体上实现小康，正在为全面建成小康社会而努力奋斗。我国正处于并将长期处于社会主义初级阶段，既不能做超越阶段的事情，也不能在逐步实现共同富裕方面无所作为，而是要根据现有条件把能做的事情尽量做起来，一步步落实好以人民为中心的发展思想，积小胜为大胜，不断朝着共同富裕的目标前进。

习近平总书记关于扶贫工作的重要论述，牢牢把握社会主义初级阶段这个基本国情，牢牢立足社会主义初级阶段这个最大实际，围绕为什么要脱贫、如何脱贫、如何保证脱贫效果等重大理论问题，提出了“两个确保”的目标、“两不愁三保障”的标准、“六个精准”的扶贫方略、“五个一批”的脱贫路径等一系列新思想新观点新论断，总结了“六个坚持”的基本经验，提出了脱贫要从方法路径上重点解决“扶持谁”“谁来扶”“怎么扶”“如何退”等重要

问题，突出发挥社会主义制度的政治优势和制度优势，突出中国共产党全心全意为人民服务的根本宗旨，突出精准扶贫精准脱贫基本方略，突出以新发展理念为统领，突出开发式内源式扶贫，涉及脱贫攻坚方方面面。习近平总书记关于扶贫工作的重要论述，全面继承和发展了马克思主义反贫困理论，是马克思主义反贫困理论中国化的最新成果，将马克思主义反贫困理论中国化拓展到了新空间，使它的科学性和真理性在中国得到了充分检验，它的人民性和实践性在中国得到了充分贯彻，它的开放性和时代性在中国得到了充分彰显。

二、实现了脱贫攻坚认识论和方法论的全面提升

毛泽东同志提出了共同富裕的具体设想；邓小平同志丰富了共同富裕的思想，并首次提出了中国反贫困的总体战略；江泽民同志重视开发式扶贫以及瞄准对象由贫困地区向贫困人口的转变；胡锦涛同志立足科学发展观与和谐社会建设，赋予了反贫困新内涵、新路径，描绘了全面建设小康社会的目标。党的十八大以来，习近平总书记坚持以马克思主义为指导，以自我革新的创造精神，针对当前我国贫困问题的新特征和反贫困中存在的深层次矛盾，对中国特色脱贫攻坚路径进一步创新。

习近平总书记指出，要解决好“扶持谁”的问题，确保把真正的贫困人口弄清楚，把贫困人口、贫困程度、致贫原因等搞清楚；

要解决好“谁来扶”的问题，加快形成中央统筹、省（自治区、直辖市）负总责、市（地）县抓落实的扶贫开发工作机制；要解决好“怎么扶”的问题，按照贫困地区和贫困人口的具体情况，实施“五个一批”工程。[1] 习近平总书记关于扶贫工作的重要论述，立足新时代中国特色社会主义的新实践，系统回答了当前脱贫攻坚工作中的一系列重大问题，实现了中国特色脱贫攻坚理论一次意义重大的跃升，对新时代推进脱贫攻坚发挥了根本性指导作用。

三、体现了脱贫攻坚理论创新与实践创新的有机统一

习近平总书记关于扶贫工作的重要论述不仅具有理论上的引领作用，更具有实践上的指导意义。改革开放以来，中国使 8 亿多人摆脱贫困，谱写了人类反贫困历史新篇章。党的十八大以来，以习近平同志为核心的党中央历史性地提出到 2020 年彻底消除绝对贫困的目标，以超常规的力度和举措，全面打响脱贫攻坚战，贫困发生率从 2012 年的 10.2% 下降到 2019 年的 0.6%。2020 年 3 月，习近平总书记指出，今年脱贫攻坚任务完成后，我国将提前 10 年实现联合国 2030 年可持续发展议程的减贫目标，世界上没有哪一个国家能在这么短的时间内帮助这么多人脱贫，这对中国和世界都具

[1]《习近平在中央扶贫开发工作会议上强调 脱贫攻坚战冲锋号已经吹响 全党全国咬定目标苦干实干》，《人民日报》2015 年 11 月 29 日。

有重大意义。[1] 这集中体现了我国对脱贫攻坚的理论创新和实践创新，把发展作为解决贫困问题的根本途径，既扶贫又扶志，调动扶贫对象的积极性、主动性、创造性，发挥其主体作用，促进其实现稳定脱贫；充分发挥制度优势，广泛动员全社会力量参与，形成政府、社会、市场协同推进的大扶贫格局。

[1]《习近平在决战决胜脱贫攻坚座谈会上强调 坚决克服新冠肺炎疫情影响 坚决夺取脱贫攻坚战全面胜利》，《人民日报》2020 年 3 月 7 日。

第三节

打赢脱贫攻坚战、全面建成小康社会的行动指南

习近平总书记指出，让贫困人口和贫困地区同全国人民一道进入全面小康社会，是我们党的庄严承诺。[1] 脱贫不仅是民生问题，更是政治问题，必须坚决打赢脱贫攻坚战。习近平总书记关于扶贫工作的重要论述，为消除绝对贫困、解决复杂多元的贫困问题提供了一整套科学的理论方法和路径遵循，对于我们深刻认识脱贫攻坚的重大意义，准确把握脱贫攻坚的基本要求和重点任务，夺取全面建成小康社会决战决胜阶段的伟大胜利，具有十分重要的指导

[1]《习近平在山西考察工作时强调 扎扎实实做好改革发展稳定各项工作 为党的十九大胜利召开营造良好环境》，《人民日报》2017 年 6 月 24 日。

意义。

一、明确了脱贫攻坚的宏伟目标

习近平总书记指出，消除贫困、改善民生、逐步实现共同富裕，是社会主义的本质要求，是我们党的重要使命。[1] 中国共产党领导人民开展了大规模的反贫困工作，巩固了执政基础，巩固了中国特色社会主义制度。贫穷不是社会主义，只有做到为民造福，中国共产党的执政基础才能坚如磐石，如果贫困地区长期贫困，面貌长期得不到改变，群众生活长期得不到明显提高，那就没有体现我国社会主义制度的优越性，那就不是社会主义。中国共产党领导的中国革命和建设，其根本目的就是为了消灭贫困、实现共同富裕，脱贫攻坚工作体现着社会主义的根本价值追求和奋斗理想，是中国共产党第一个百年奋斗目标的重点工作，也是全面建成小康社会最艰巨的任务。要确保到 2020 年我国现行标准下农村贫困人口实现脱贫，贫困县全部摘帽，解决区域性整体贫困，做到脱真贫、真脱贫。习近平总书记关于扶贫工作的重要论述，赋予了脱贫攻坚新的时代内涵，明确了脱贫攻坚的宏伟目标。

---

[1]《习近平在中央扶贫开发工作会议上强调 脱贫攻坚战冲锋号已经吹响 全党全国咬定目标苦干实干》，《人民日报》2015 年 11 月 29 日。

二、明确了脱贫攻坚的基本要求和重点任务

习近平总书记时刻牵挂着贫困群众的生活，多次到贫困地区调研指导，要求把脱贫攻坚作为“十三五”期间第一民生工程来抓，以更大的决心、更明确的思路、更精准的举措、超常规的力度，确保到2020年农村贫困人口实现脱贫、确保贫困县全部脱贫摘帽。习近平总书记在全面分析我国贫困状况的基础上，从全局角度对当前贫困问题进行了深入思考，明确了脱贫攻坚工作的基本要求、重点任务和重大举措，指出脱贫攻坚的战略重点已经从解决温饱问题为主要任务的阶段，转入了巩固温饱成果、提高发展能力、加快脱贫致富、缩小发展差距的新阶段，要坚持精准扶贫、精准脱贫，运用新的手段和方法实现农村贫困人口全部脱贫、贫困县全部摘帽、解决区域性整体贫困等三大目标，明确了新时代推进脱贫攻坚的基本路径；指出要动员全党全国全社会力量，强化党政一把手负总责的工作责任制，坚持大扶贫格局，注重扶贫同扶志、扶智相结合，深入实施东西部扶贫协作，重点攻克深度贫困地区脱贫任务。在制度和组织保障上，全面建立中国特色脱贫攻坚制度体系，不断完善中央统筹、省负总责、市县抓落实的管理体制，确保扶贫举措落到实处。在扶贫方式方法上，创造性地提出了精准扶贫、精准脱贫基本方略，强调坚持“六个精准”，因村因户因人施策，确保扶贫扶到点上、扶到根上。在政策供给上，形成覆盖产业扶贫、易地扶贫

搬迁、就业扶贫等多个方面的政策体系，通过增加财政投入、加大金融支持等举措，形成支持脱贫攻坚的强大合力。习近平总书记的重要论述和战略部署，明确了脱贫攻坚的基本要求和重点任务，是凝聚各方力量打赢脱贫攻坚战的根本遵循。

三、明确了脱贫攻坚的工作方法

党的十八大以来，习近平总书记多次就脱贫攻坚的重点工作作出重要部署，提出了切合中国实际的精准扶贫战略。习近平总书记指出，要坚持精准扶贫、精准脱贫，重在提高脱贫攻坚成效。关键是要找准路子、构建好的体制机制，在精准施策上出实招、在精准推进上下实功、在精准落地上见实效；[1] 指出抓扶贫开发，既要整体联动、有共性的要求和措施，又要突出重点、加强对特困村和特困户的帮扶。[2] 扶贫工作要做到“切实落实领导责任、切实做到精准扶贫、切实强化社会合力、切实加强基层组织”“扶贫对象精准、项目安排精准、资金使用精准、措施到户精准、因村派人精准、脱贫成效精准”。打赢脱贫攻坚战必须靠党委主导、政府主抓、部门主推、干部主攻，要充分调动干部队伍积极性，靠实干把扶贫目标

---

[1]《习近平在中央扶贫开发工作会议上强调 脱贫攻坚战冲锋号已经吹响 全党全国咬定目标苦干实干》，《人民日报》2015 年 11 月 29 日。

[2]《习近平在湖南考察时强调 深化改革开放推进创新驱动 实现全年经济社会发展目标》，《人民日报》2013 年 11 月 6 日。

变为现实。

社会主义是干出来的，践行初心使命，最重要的是落实到具体工作中，找准主要矛盾和矛盾的主要方面，真正做到落实有力。习近平总书记关于扶贫工作的重要论述，抓住了解决新时期贫困问题的主要矛盾，明确了精准扶贫的实施路径，拓展了消除贫困的方法手段，提升了消除贫困的绩效水平。通过精确瞄准、精准帮扶，直接瞄准贫困群体和致贫原因，集中资源对其进行最直接最有效的帮扶，提高其自我发展能力、增加其收入来源，做到了精准识别、精准扶持、精准管理和精准考核，切实提高了扶贫工作的绩效水平，对如期高质量完成脱贫攻坚目标任务发挥了决定性作用。

第四节

支持特殊类型地区振兴发展的根本遵循

党的十八大以来，以习近平同志为核心的党中央推动实施了一系列区域发展新战略，不断丰富完善区域发展的理念、战略和政策体系。党的十九大报告指出，实施区域协调发展战略，加大力度支持革命老区、民族地区、边疆地区、贫困地区加快发展，支持资源型地区经济转型发展。习近平总书记多次就特殊类型地区振兴发展发表重要讲话，作出重要批示指示，这是做好特殊类型地区振兴发展工作的根本遵循。

一、明确了新时代特殊类型地区振兴发展的新定位

习近平总书记强调，要加大力度支持革命老区、民族地区、边疆地区、贫困地区加快发展。要立足资源禀赋和比较优势，做好特色发展，实现差异竞争、错位发展，要求加快建立健全长效普惠性的扶持机制和精准有效的差别化支持机制。革命老区是党和人民军队的根，决不能忘了老区人民。我国是统一的多民族国家，民族工作关乎大局。要加快边疆发展，确保边疆巩固、边境安全。坚持加强生态保护和环境整治，加快建立生态补偿机制。资源枯竭地区经济转型发展是一篇大文章。老工业基地要重点抓好产业转型升级。老少边贫和老工业城市、资源型地区、生态退化地区等特殊类型地区既是我国社会主义现代化建设的突出短板和薄弱环节，也是满足人民群众对美好生活的向往，形成强大国内市场，巩固国家生态安全、国土安全、能源资源安全和民族团结进步的重要支撑。习近平总书记的重要论述，深刻阐释了特殊类型地区在国家发展全局中的重要地位，以及对推进国家治理体系和治理能力现代化的重要深远意义，为推动特殊类型地区振兴发展指明了方向、增强了信心、注入了强大动力。

二、丰富了新时代促进区域协调发展的新内涵

习近平总书记强调，新形势下促进区域协调发展，不能简单要求各地区在经济发展上达到同一水平，而是要根据各地区的条件，走合理分工、优化发展的路子。区域协调发展的基本要求是实现基本公共服务均等化，基础设施通达程度比较均衡。要按照客观经济规律调整完善区域政策体系，发挥各地区比较优势，促进各类要素合理流动和高效集聚，加快构建高质量发展的动力系统，增强中心城市和城市群等经济发展优势区域的经济和人口承载能力，增强其他地区在保障粮食安全、生态安全、边疆安全等方面的功能，形成优势互补、高质量发展的区域经济布局。习近平总书记的重要论述，具有鲜明的时代特征、深远的战略考量，极大地丰富了区域协调发展的思想内涵。

三、健全了新时代支持特殊类型地区振兴发展的新举措

习近平总书记强调，对重点开发地区、生态脆弱地区、能源资源地区等制定差异化政策，分类精准施策，推动形成主体功能约束有效、国土开发有序的空间发展格局。要考虑国家安全因素，增强边疆地区发展能力，使之有一定的人口和经济支撑，以促进民族团结和边疆稳定。要全面建立生态补偿制度，健全区际利益补偿机

制，形成受益者付费、保护者得到合理补偿的良性局面。要完善财政转移支付制度，合理确定中央支出占整个支出的比重，对重点生态功能区、农产品主产区、困难地区提供有效转移支付。要完善土地、户籍、转移支付等配套政策，确保承担安全、生态等战略功能的区域基本公共服务均等化。习近平总书记的重要论述，为整体谋划特殊类型地区振兴发展指明了方向和路径，明确了引领全国高质量发展、完善我国区域经济空间布局、支持特殊类型地区发展的重大战略举措。

第五节

助推全球减贫事业的中国智慧和中国方案

消除贫困是全人类的共同使命。习近平总书记关于扶贫工作的重要论述根植于中国土壤，形成于中国改革开放以来反贫困理论的实践探索，检验于新时代中国脱贫攻坚的决胜战场，深刻揭示了贫困发生及有效治理的根源性问题，创造性提出了中国脱贫攻坚新路径，为广大发展中国家科学开展反贫困工作提供了宝贵的经验和借鉴。在习近平总书记关于扶贫工作重要论述的科学指引下，我国推动构建人类命运共同体，加强国际减贫发展合作，为全球减贫事业贡献了中国智慧、中国方案，得到了国际社会的高度认可和广泛赞誉。

一、体现了对生存权发展权等基本人权的切实保障

习近平主席指出，贫困及其衍生出来的饥饿、疾病、社会冲突等一系列难题依然困扰着许多发展中国家，消除贫困始终是广大发展中国家面临的重要任务。[1] 中国特色脱贫攻坚道路使 7 亿多人摆脱了绝对贫困，创造了人类减贫史上的“中国奇迹”。中国是对全球减贫和人权发展贡献最大的国家，也是首个提前完成联合国千年发展目标特别是减贫目标的国家，为国际减贫事业提供了有益借鉴。当前，世界正处于大发展大变革大调整时期，和平与发展仍然是时代主题，同时，世界面临的不稳定性不确定性突出，世界经济增长动能不足，贫富分化日益严重，人类面临许多共同挑战。消除贫困是保障人权的基本要求，没有生存权、发展权，就无从讨论其他方面的人权保障。到 2020 年，我国将实现现行标准下农村贫困人口全部脱贫、贫困县全部摘帽、解决区域性整体贫困的宏伟目标，这将是中华民族五千年文明发展史上首次整体消除绝对贫困，是人类历史上亘古未有的减贫成就，必将在世界人权发展史上书写光辉的一页。

---

[1]《习近平出席 2015 减贫与发展高层论坛并发表主旨演讲》，《人民日报》2015 年 10 月 17 日。

二、体现了经济全球化发展的时代要求

习近平主席指出，推动建立以合作共赢为核心的新型国际减贫交流合作关系，是消除贫困的重要保障，要着力实现多元自主可持续发展，推动更大范围、更高水平、更深层次的区域合作，帮助各发展中国家把资源优势转化为发展优势。[1] 习近平总书记在作党的十九大报告时指出，中国将高举和平、发展、合作、共赢的旗帜，恪守维护世界和平、促进共同发展的外交政策宗旨，坚定不移在和平共处五项原则基础上发展同各国的友好合作，推动建设相互尊重、公平正义、合作共赢的新型国际关系。经济全球化是推动人类发展的重要动力，消除贫困是推动经济全球化向开放、包容、普惠、均衡、共赢方向发展的重要途径。全球化进程中出现的种种问题，根源还是发展不充分不平衡，一部分群体没有充分、公平地享受到发展的红利。推动减贫国际合作、帮助发展中国家人民摆脱贫困，就是弥合南北鸿沟，缩小贫富差距，从根本上扭转穷者越穷、富者越富的现象，提升全球和各国发展的包容性、公平性、协同性，这将推动经济全球化向开放、包容、普惠、共赢方向发展，构建一个更加和平、发展、繁荣的世界。习近平总书记的重要论述

[1]《习近平出席 2015 减贫与发展高层论坛并发表主旨演讲》，《人民日报》2015 年 10 月 17 日。

体现了经济全球化发展的时代要求，为国际减贫交流合作指明了方向。

三、体现了构建人类命运共同体的本质内涵

习近平总书记在作党的十九大报告时指出，中国共产党是为中国人民谋幸福的政党，也是为人类进步事业而奋斗的政党。中国共产党始终把为人类作出新的更大的贡献作为自己的使命。世界长期发展不可能建立在一批国家越来越富裕而另一批国家却长期贫穷落后的基础之上，中国是世界减贫事业的积极倡导者和有力推动者。习近平主席强调，消除贫困依然是当今世界面临的最大全球性挑战，要凝聚共识、同舟共济、攻坚克难，加强减贫发展合作，为共建一个没有贫困、共同发展的人类命运共同体而不懈奋斗。[1] 国际社会应该在人类命运共同体思想的指引下，建设新型全球发展伙伴关系，在追求本国利益时兼顾他国合理关切，在谋求本国发展时促进各国共同发展，最大限度解决南北之间和一国内部发展失衡问题，让发展成果更多惠及普通民众，为世界经济强劲、可持续、平衡和包容增长注入新动力，共同建设持久和平、普遍安全、共同繁荣、开放包容、清洁美丽的世界。

[1]《习近平出席 2015 减贫与发展高层论坛并发表主旨演讲》，《人民日报》2015 年 10 月 17 日。

习近平总书记关于扶贫工作的重要论述，推动了中国同发展中国家命运共同体建设，为国际减贫和发展合作开辟了新路径，是习近平新时代中国特色主义外交思想和中国特色大国外交的新实践。

第二章

学习贯彻习近平总书记关于扶贫工作和特殊类型地区振兴发展重要论述的深刻体会

认真学习贯彻习近平总书记关于扶贫工作和特殊类型地区振兴发展的重要论述，对于我们坚持加强党对脱贫攻坚和特殊类型地区振兴发展工作集中统一领导，坚持以人民为中心发展思想，保证脱贫攻坚和特殊类型地区振兴发展的正确方向，具有十分重要的指导意义。

第一节

坚持加强党对脱贫攻坚工作集中统一领导，全面强化脱贫攻坚组织保障

中国共产党领导是中国特色社会主义最本质的特征，是中国特色社会主义制度的最大优势。坚持党对脱贫攻坚的组织领导，是打赢脱贫攻坚战的根本性保障。党的十八大以来，习近平总书记每年在国家扶贫日期间出席重大活动或作出重要指示，每年听取脱贫攻坚成效考核汇报，6 年召开 7 次专题座谈会作出重大部署，层层传导攻坚压力，层层压实脱贫责任，保证了脱贫攻坚的正确方向和质量成色。

一、健全"五级书记一起抓扶贫"的领导责任体制

2015 年 11 月，习近平总书记在中央扶贫开发工作会议上指

出，越是进行脱贫攻坚战，越是要加强和改善党的领导。各级党委和政府必须坚定信心、勇于担当，把脱贫职责扛在肩上，把脱贫任务抓在手上。各级领导干部要保持顽强的工作作风和拼劲，满腔热情做好脱贫攻坚工作。这些明确要求，为各地区统筹推进脱贫攻坚各项工作指明了方向，压紧压实了各级党政一把手第一责任人责任。脱贫攻坚战打响以来，各级党委和政府坚决贯彻落实党中央决策部署，坚定不移做好脱贫攻坚工作。省级党委和政府一把手始终亲力亲为，贫困县党委和政府切实负起脱贫攻坚主体责任，贫困村基层党组织积极发挥战斗堡垒作用，形成省市县乡村“五级书记抓扶贫、全党动员促攻坚”的局面。特别是深度贫困地区党委和政府，始终坚持把脱贫攻坚作为“十三五”期间的“头等大事”和“第一民生工程”来抓，坚持以脱贫攻坚统揽经济社会发展全局，推动党中央关于打赢脱贫攻坚战的各项决策部署在各地落深落细落实。

二、健全“中央统筹、省负总责、市县抓落实”的脱贫攻坚管理体制

2015 年以来，各有关方面深入学习贯彻习近平总书记在部分省区市扶贫攻坚与“十三五”时期经济社会发展座谈会上的重要讲话精神，坚决把中央统筹、省负总责、市县抓落实的管理体制落到实处。中央负责制定脱贫攻坚的大政方针，出台重大政策举措，完

善体制机制，规划重大工程项目，协调全局性重大问题和全国性共性问题，指导各地制定脱贫滚动规划和年度计划，有关部门按照工作职责，落实脱贫攻坚责任。省级党委和政府对本地区脱贫攻坚工作负总责，抓好目标确定、项目下达、资金投放、组织动员、监督考核等工作，确保责任层层落实。中西部22个省（区、市）党政主要负责同志向中央签署脱贫攻坚责任书，立下军令状，每年定期向中央报告脱贫攻坚工作进展情况。市级党委和政府主要负责上下衔接、域内协调、督促检查工作，把精力集中在贫困县如期摘帽上。县级党委和政府承担主体责任，县委书记和县长作为第一责任人，全力做好进度安排、项目落地、资金使用、人力调配、推进实施等工作。通过合理安排各级党委政府在脱贫攻坚中的权责，形成了合理分工、各司其职、有序推进的工作局面。

三、健全新时代全党全国全社会广泛参与的帮扶体制

全党全国全社会的广泛参与是中国特色脱贫攻坚道路的鲜明特征。习近平总书记先后在中央扶贫开发工作会、深度贫困地区脱贫攻坚座谈会、打好精准脱贫攻坚座谈会等会议上多次就动员全社会力量广泛参与脱贫攻坚工作作出重要指示。党中央、国务院出台相关文件，通过实化细化东西部扶贫协作、中央单位定点扶贫工作，东西部扶贫协作和对口支援、定点扶贫以及社会各界合力攻坚，汇聚成了新时代脱贫攻坚的强大合力，有力促进了全社会

帮扶责任的落实。比如，通过东西部扶贫协作机制，中央安排东部9省（市）、13个城市对口帮扶西部10个省（区、市），以及吉林延边、湖北恩施、湖南湘西和河北张家口、承德、保定。为了使帮扶工作更具实效，中共中央办公厅、国务院办公厅印发了《关于进一步加强东西部扶贫协作工作的指导意见》，明确了产业合作、劳务协作、人才支援、资金支持、社会参与等重点工作，压实了帮扶方和被帮扶方责任，确保各项政策部署落到实处。2016—2019年，东部9省（市）向扶贫协作地区累计投入财政援助资金近500亿元，接近过去20年投入总额的5倍。全社会合力攻坚的帮扶责任体制，有力拓展了脱贫攻坚的资源总量，体现了中国共产党坚强的组织领导能力。

第二节

坚持以人民为中心，让广大人民群众共享发展成果

习近平总书记指出，全面建成小康社会，一个不能少；共同富裕路上，一个不能掉队。我们将举全党全国之力，坚决完成脱贫攻坚任务，确保兑现我们的承诺。[1] 坚持以人民为中心发展思想，体现了党的理想信念、性质宗旨、初心使命，也是对党的奋斗历程和实践经验的深刻总结。脱贫攻坚工作必须坚持人民至上、紧紧依靠人民、不断造福人民、牢牢根植人民，并落实到各项决策部署和实际工作中去，最终落实到实现好、维护好、发展好最广大人民的根

[1]《习近平在十九届中共中央政治局常委同中外记者见面时强调 新时代要有新气象更要有新作为 中国人民生活一定会一年更比一年好》，《人民日报》2017 年 10 月 26 日。

本利益上，确保实现决胜全面小康社会、决战脱贫攻坚目标任务，从而进一步凝聚人民伟力、创造历史伟业。

一、深刻领会以人民为中心的发展思想，把增强人民群众获得感、幸福感、安全感作为出发点和落脚点

（一）坚守为人民谋幸福的初心使命

习近平总书记指出，人民立场是中国共产党的根本政治立场，是马克思主义政党区别于其他政党的显著标志。[1] 党的十九大报告提出，中国共产党人的初心和使命，就是为中国人民谋幸福，为中华民族谋复兴。中国共产党自成立的那天起，就始终把为人民谋幸福、为中华民族谋复兴作为自己的历史使命，团结和带领全国各族人民，推翻了帝国主义、封建主义和官僚资本主义三座大山的剥削和压迫，建立了人民当家作主的中华人民共和国；团结和带领全国人民进行了伟大的社会主义革命和建设，进行了改革开放的伟大实践，中华民族迎来从站起来、富起来到强起来的伟大飞跃。

党的十八大以来，以习近平同志为核心的党中央始终坚守为人民谋幸福的初心和使命，攻坚克难，坚定不移开展脱贫攻坚战，推动 9 000 多万贫困人口实现稳定脱贫，同全国人民一道步入小康社

[1]《习近平在庆祝中国共产党成立95周年大会上的讲话》,《人民日报》2016年7月2日。

会。习近平总书记多次强调，中国共产党来自人民、植根人民、服务人民，人民群众对美好生活的向往，就是我们的奋斗目标。习近平总书记指出，农村贫困人口如期脱贫、贫困县全部摘帽、解决区域性整体贫困，是全面建成小康社会的底线任务。[1] 实现贫困人口如期脱贫，是中国共产党向全国人民作出的郑重承诺，不能打任何折扣。如期完成脱贫任务是全面建成小康社会的刚性目标、底线目标，只有脱贫攻坚目标如期实现，解决好贫困人口生产生活问题，满足贫困人口追求幸福的基本要求，才能凸显全面小康社会成色，让人民群众满意、国际社会认可。坚守为人民谋幸福的初心使命，全面实施脱贫攻坚，充分体现了党同人民群众的血肉联系，体现了党始终对人民极端负责的态度，确保了脱贫攻坚成效真正获得群众认可、经得起实践和历史检验。

习近平总书记关于扶贫工作的重要论述，始终贯穿着以人民为中心的发展思想，始终体现了全心全意为人民服务的根本宗旨，是做好脱贫攻坚工作的根本原则。我们要进一步把思想和行动统一到习近平总书记关于扶贫工作的重要论述上来，牢记初心使命，坚定信心决心，用心用情用力，确保扶贫工作务实、脱贫过程扎实、脱贫结果真实。

---

[1]《习近平在中共中央政治局第三十九次集体学习时强调 更好推进精准扶贫精准脱贫 确保如期实现脱贫攻坚目标》，《人民日报》2017 年 2 月 23 日。

（二）坚持脱贫攻坚成果更多更公平惠及人民群众

习近平总书记指出，要坚持以人民为中心的发展思想，努力抓好保障和改善民生各项工作，不断增强人民的获得感、幸福感、安全感，不断推进全体人民共同富裕。[1] 要以更大的力度、更实的措施保障和改善民生，加强和创新社会治理，坚决打赢脱贫攻坚战，促进社会公平正义，在幼有所育、学有所教、劳有所得、病有所医、老有所养、住有所居、弱有所扶上不断取得新进展，让实现全体人民共同富裕在广大人民现实生活中更加充分地展示出来。

党的十八大以来，脱贫攻坚通过到村到户到人的精准帮扶，加强贫困地区基础设施和公共服务建设，显著改善了贫困地区和贫困群众生产生活条件。经过 7 年多的精准扶贫、4 年多的脱贫攻坚战，截至 2019 年末，现行标准下农村贫困人口从 2012 年末的 9 899 万人减少至 551 万人，贫困发生率下降至 0.6%。全国 832 个贫困县已摘帽 780 个，区域性整体贫困基本得到解决。脱贫攻坚通过促进贫困地区加快发展，逐步缩小区域差距和城乡差距，充分体现了我们推动区域协调发展、协同发展、共同发展的战略取向，体现了先富帮后富、最终实现共同富裕的目标取向。我们要进一步把思想和行动统一到习近平总书记关于扶贫工作的重要论述上来，进

[1]《习近平在十九届中共中央政治局常委同中外记者见面时强调 新时代要有新气象更要有新作为 中国人民生活一定会一年更比一年好》，《人民日报》2017 年 10 月 26 日。

一步强化扶贫使命，压实扶贫责任，补齐短板弱项，不断提高贫困群众获得感、幸福感和安全感，让贫困群众与全国人民一道迈入全面小康社会。

二、深刻领会“全面小康一个都不能少”的重要理念，让广大人民群众共享改革发展成果

（一）实现到2020年我国现行标准下农村贫困人口全部脱贫

“全面小康路上一个都不能少”其中一个重要指标，就是到2020年我国现行标准下农村贫困人口全部实现脱贫。困难群众始终是习近平总书记心中的牵挂。党的十八大以来，习近平总书记每年都到贫困地区考察调研，几乎走遍了全国最贫困的地区。习近平总书记指出，让广大农民都过上幸福美满的好日子，一个都不能少，一户都不能落。[1]我们党员干部都要有这样一个意识，只要还有一家一户乃至一个人没有解决基本生活问题，我们就不能安之若素；只要群众对幸福生活的憧憬还没有变成现实，我们就要毫不懈怠团结带领群众一起奋斗。[2]“小康”讲的是发展水平，“全面”讲

[1]《习近平在江苏调研时强调 主动把握和积极适应经济发展新常态 推动改革开放和现代化建设迈上新台阶》，《人民日报》2014年12月15日。
[2]《习近平春节前夕赴内蒙古调研看望慰问各族干部群众》，《人民日报》2014年1月30日。

的是发展的平衡性、协调性、可持续性，从总量和速度上完成目标，不能代表全面建成小康社会取得了胜利，发展如果是不平衡、不协调、不可持续的，“小康”就不“全面”。一个都不能少，使“共同富裕”的范围更加清晰，使全面建成小康社会的指标更加具体。一是明确了脱贫时间表，到2020年绝对贫困人口数量降为零。二是明确了脱贫考核指标，“六个精准”实实在在抓住了问题的关键。2019年12月31日，习近平总书记在新年贺词中指出，2020年是具有里程碑意义的一年，我们将全面建成小康社会，实现第一个百年奋斗目标。从决定性阶段到决胜阶段，再到收官之年，全面建成小康社会在倒计时状态中一步步推进，在部署中一项项落实。我们要深刻学习领会习近平总书记关于扶贫工作的重要论述，持续推进精准扶贫、精准脱贫，实现到2020年我国现行标准下农村贫困人口脱贫的目标。

（二）推动贫困县全部摘帽解决区域性整体贫困

党的十八大刚刚结束，习近平总书记赴河北阜平县看望慰问困难群众时就曾强调，全面建成小康社会，最艰巨最繁重的任务在农村、特别是在贫困地区。习近平总书记强调，我们实现第一个百年奋斗目标、全面建成小康社会，没有老区的全面小康，特别是没有老区贫困人口脱贫致富，那是不完整的。党的十八届五中全会提出了我国现行标准下农村贫困人口实现脱贫、贫困县全部摘帽、解决区域性整体贫困的宏伟目标，吹响了脱贫攻坚战的号角。当前，脱贫攻坚已经到了啃硬骨头、攻坚拔寨的冲刺阶段，最艰巨最繁重的任务在贫困地区，特别是在深度贫困地区。为确保贫困县在2020年前规范合理有序全部退出，从2016年起，国务院扶贫开发领导小组指导各地制定贫困退出滚动规划和年度计划，按照党中央关于脱贫攻坚实行最严格考核评估的要求，各地从严核查贫困县退出。近年来，我们认真贯彻落实习近平总书记关于扶贫工作的重要论述，加快贫困地区发展，解决好这类地区的公共服务、基础设施和基本医疗保障等问题，加快形成能够确保贫困群众如期实现“两不愁三保障”的基本条件，实现脱贫摘帽。我们要一鼓作气、尽锐出战、精准施策，以更有力的行动、更扎实的工作，集中力量攻克贫困的难中之难、坚中之坚，特别是攻克“三区三州”等深度贫困地区的区域性整体贫困，确保坚决打赢脱贫攻坚战，如期全面建成小康社会、实现第一个百年奋斗目标。

（三）促进各民族团结携手共同迈进全面小康

中华民族是多元一体的伟大民族。中华民族是一个大家庭，一家人都要过上好日子。党的十八大以来，以习近平同志为核心的党中央就民族工作作出一系列重大决策部署，推动我国民族团结进步事业取得了新的历史性成就。习近平总书记十几次到民族地区调研，在雪域高原、天山南北，在祖国北疆、西南边陲，亲眼见证民族地区面貌日新月异、少数民族群众生活蒸蒸日上，同各族群众面对面交流。习近平总书记在内蒙古考察时强调，全面建成小康社会，一个民族不能少；实现中华民族伟大复兴，一个民族也不能少。在会见云南贡山独龙族怒族自治县干部群众代表时指出，中国共产党关心各民族的发展建设，全国各族人民要共同努力、共同奋斗，共同奔向全面小康。在四川凉山彝族自治州看望贫困群众时强调，全面建成小康社会最艰巨最繁重的任务在贫困地区，特别是在深度贫困地区，无论这块硬骨头有多硬都必须啃下，无论这场攻坚战有多难打都必须打赢，全面小康路上不能忘记每一个民族、每一个家庭。习近平总书记反复强调，没有民族地区的全面小康和现代化，就没有全国的全面小康和现代化。近年来，多个少数民族先后实现整族脱贫，这是脱贫攻坚工作取得的重要成果。我们要深刻学习领会习近平总书记重要论述精神，以时不我待的担当精神，创新工作思路，加大扶持力度，因地制宜，精准发力，确保如期啃下少数民族脱贫这块硬骨头，确保各族群众如期实现全面小康。要坚持中华民族一家亲、同心共筑中国梦，以铸牢中华民族共同体意识为主线做好各项工作，把各族干部群众的思想和行动统一到党中央决策部署上来，不断增强各族群众对伟大祖国、中华民族、中华文化、中国共产党、中国特色社会主义的认同，攻坚克难、锐意进取，让全国各族人民过上全面小康的生活。

第三节

坚持精准扶贫精准脱贫，着力提高脱贫攻坚质量和成效

2013 年 11 月，习近平总书记在湖南湘西十八洞村考察时首次提出“精准扶贫”理念。2015 年 6 月，习近平总书记在贵州召开部分省区市党委主要负责同志座谈会上提出扶贫对象精准、项目安排精准、资金使用精准、措施到户精准、因村派人精准、脱贫成效精准的“六个精准”要求。2015 年 11 月，习近平总书记在中央扶贫开发工作会议上，系统阐述精准扶贫精准脱贫方略，推动中国共产党的扶贫工作理论不断总结提升，形成了全新的扶贫方略。党的十九大将精准脱贫作为决胜全面建成小康社会必须打好的三大攻坚战之一，作出了明确部署。

一、精准扶贫精准脱贫方略开启了脱贫攻坚的新路径

精准扶贫精准脱贫方略明确了打赢脱贫攻坚战的具体目标、科学理念和有效方法，是扶贫理论的重大创新，是扶贫模式的重大突破，也是治贫方式的重大转变。

（一）扶贫对象精准是前提

习近平总书记指出，扶贫开发贵在精准，重在精准，成败之举在于精准。[1]要深刻认识精准识别贫困人口的重要性，把建档立卡工作做实做细，解决好“扶持谁”的问题。如果对建档立卡户的户数、人数搞不准，对致贫原因和脱贫需求弄不清，就如同扣错了第一粒扣子，定位偏差、指向不明，后续的项目安排、资金使用、帮扶措施、人员选派等工作都会跟着出问题。只有做到精准识别扶贫对象，才能有的放矢、聚焦发力。要坚持统一政策尺子、统一规定标准，既不遗留一个贫困人口，也不把非贫困人口纳入扶贫对象。在建档立卡的基础上，全面掌握贫困人口规模、分布和居住条件、就业渠道、收入来源、致贫原因以及脱贫具体需求等情况。

---

[1]《习近平在部分省区市党委主要负责同志座谈会上强调 谋划好“十三五”时期扶贫开发工作 确保农村贫困人口到 2020 年如期脱贫》，《人民日报》2015 年 6 月 20 日。

（二）因村派人精准是先决条件

深刻认识选准选对扶贫干部的重要性，把最优秀的人派下去，做到分工明确、责任清晰、任务到人、考核到位、形成合力，解决好“谁来扶”的问题。因村选人一定要准确定位，根据贫困村的实际情况来选人派人，不能把选派的人只当作带着资金、带着项目下乡的载体，做到下派干部与贫困村合理匹配。通过有针对性地选派干部，让干部最大限度地发挥自身优势，在转变群众观念、发展致富产业、加强基层组织建设、培育文明乡风、破解瓶颈制约等方面发挥好作用。

（三）项目安排精准、资金使用精准、措施到户精准是核心要求

习近平总书记指出，提高扶贫措施有效性，核心是因地制宜、因人因户因村施策；[1] 开对了“药方子”，才能拔掉“穷根子”，要按照贫困地区和贫困人口的具体情况，实施“五个一批”工程，发展生产脱贫一批、易地搬迁脱贫一批、生态补偿脱贫一批、发展教育脱贫一批、社会保障兜底一批。要深刻认识到，每个贫困村、贫困户和贫困群众的致贫原因、贫困类型、脱贫需求都不一样，

[1]《习近平在中共中央政治局第三十九次集体学习时强调 更好推进精准扶贫精准脱贫 确保如期实现脱贫攻坚目标》，《人民日报》2017 年 2 月 23 日。

必须针对不同情况，探索多渠道、多元化扶贫路径，解决好“怎么扶”的问题。落实扶贫政策要根据不同地方、不同贫困户、不同贫困群众的实际需求，采取不同的措施，共性问题用共性的方法，个性的问题用“点穴”的方法，不搞“拉郎配”，不搞“一刀切”。

（四）脱贫成效精准是目的

习近平总书记强调，脱贫结果必须真实，让脱贫成效真正获得群众认可、经得起实践和历史检验。[1]要深刻认识到，“六个精准”中，扶贫对象、项目安排、资金使用、措施到户、因村派人精准都是手段，最终目的是确保脱贫成效精准，就是通过制定科学的退出标准和评估办法，对扶贫对象动态跟踪监测、定期考核评估，做到脱真贫、真脱贫，解决好“如何退”问题。脱贫成效精准到人，既看贫困群众的收入、住房等“硬条件”，也看吃穿用度、教育医疗等“软条件”，既看贫困群众现在过得怎么样，也考虑今后发展得怎么样，确实达到脱贫标准的及时退出销号，不具备脱贫条件的不能硬退强退。对退出的贫困群众也不能立刻鸣金收兵，还要扶上马送一程，在一定时间内保留支持政策和扶贫措施，确保贫困群众精准脱贫、稳定

[1]《习近平在中共中央政治局第三十九次集体学习时的讲话 更好推进精准扶贫精准脱贫 确保如期实现脱贫攻坚目标》，《人民日报》2017 年 2 月 23 日。

脱贫。

二、将精准扶贫精准脱贫要求贯穿到脱贫攻坚全过程

提高脱贫攻坚质量和成效，实现农村贫困人口如期脱贫、贫困县全部摘帽，需要我们深入学习领会和贯彻落实精准扶贫方略，以更加明确的目标、更加对路的政策、更加有力的举措，出实招、求实效，推动贫困地区和贫困群众加快脱贫致富奔小康的步伐。

（一）必须把精准作为脱贫攻坚的生命线

过去，我国农村普遍贫困，实施以区域为对象的扶贫战略，采取一般性普惠措施，就能够带动大部分地区和群众受益，实现大规模减贫。随着脱贫攻坚的深入推进，基础相对较好、扶贫难度较小的已经陆续脱贫，剩下的贫困人口大都文化水平低、劳动技能差，把握政策获取资源能力弱，传统扶贫政策效益不彰，脱贫边际效益越来越低，必须创新扶贫方式，由“大水漫灌”向“精准滴灌”转变。只有坚持精准，投入的人、财、物才能准确无误到达“病灶”，真正惠及那些“难中之难”“坚中之坚”；只有坚持精准，才能真正找到病根，对症下药、有的放矢，更好地发挥政策效果，从根本上解决致贫问题。因此，扶贫工作必须精准再精准。

（二）必须找准病因差别施策

贫有百样，困有千种。我国地域广阔，各地自然条件、资源禀赋、经济基础千差万别，贫困地区和贫困群众致贫原因既有共同特点，比如基础设施滞后、社会文明程度低、生态环境脆弱、经济基础薄弱等；也有一些不同因素，有的是因病致贫、因病返贫，有的是缺乏必要的技能、找不到就业的机会，有的是安于现状，存在等、靠、要思想，内生发展动力不足等。开展脱贫攻坚，不能大而化之，必须认真分析致贫原因，制定差异化帮扶措施，因村因户因人施策。应针对贫困实际，灵活运用产业扶贫、劳务输出、资产收益、易地搬迁、生态保护、发展教育、医疗保险和救助、低保兜底等手段，帮助贫困地区和贫困群体拔掉穷根、摆脱贫困。

（三）必须充分运用信息技术手段

精准扶贫要做足“绣花”功夫，“刀耕火种”式的手工作业难以满足要求，应当注重运用“互联网 +”、大数据等信息技术手段，加强脱贫攻坚信息的统计和共享工作。在前期开展贫困识别、摸清贫困底数的基础上，进一步完善脱贫攻坚大数据平台，对贫困户情况实施跟踪和动态监测，确保新增贫困人口及时进入，已脱贫人口及时退出，做到扶贫信息准确、脱贫数据真实。同时，通过扶贫信息和数据应用，运用信息技术手段，可以提升精准扶贫效率，及时掌握贫困地区和贫困人口生产生活情况。

（四）必须实行扶贫绩效精准考核

脱贫攻坚已经层层签订责任书、立下军令状，关键是用好考核“指挥棒”，严格考核、真实评估、合理运用，较真碰硬，倒逼责任落实，确保脱贫攻坚方向不偏离、任务不落空。实行绩效精准考核，必须根据贫困地区实际，紧紧围绕贫困人口“两不愁三保障”，科学合理设置考核指标，精准评估脱贫成效，掀开“面子”看“里子”，更深一层、更严一分、多算细账，以贫困人口的获得感和满意度作为衡量标准。同时，健全贫困退出机制，严格退出标准、落实退出责任，坚决杜绝“数字脱贫”“表格脱贫”“被脱贫”等现象。积极创新考核体制机制，加强考核结果运用，将精准扶贫实绩与地方、部门和干部考核挂钩，引导各项工作和各类资源向脱贫攻坚倾斜。

第四节

坚持扶贫同扶志扶智相结合，激发贫困群众内生动力

习近平总书记继承和发展马克思主义反贫困理论，在总结中国开发式扶贫经验教训的基础上，作出了关于激发贫困群众内生动力、实现扶贫同扶志扶智相结合的一系列重要论述，体现了以人为本的精准扶贫观，为正确处理外部帮扶和贫困群众自身努力关系、有效激发内生动力指明了路径和方向。

一、扶贫同扶志扶智相结合是激发贫困群众内生动力的关键

习近平总书记多次强调，要加强扶贫同扶志、扶智相结合，激

发贫困群众积极性和主动性，激励和引导他们靠自己的努力改变命运，使脱贫具有可持续的内生动力。能否实现精准扶贫、精准脱贫，激发内生动力是关键。由于历史等方面的原因，许多深度贫困地区长期封闭，同外界脱节，不少群众安于现状，脱贫内生动力严重不足。习近平总书记从尊重贫困群众的主体地位和首创精神、实现稳定脱贫可持续发展的战略高度，强调要激发贫困群众内生动力。激发内生动力，调动贫困地区和贫困人口积极性，是克服脱贫内生动力不足问题的重要途径。

（一）激发内生动力是深化精准扶贫的必要基础

随着精准扶贫方略的实施，部分贫困人口逐渐实现了主动脱贫，有些贫困人口把希望完全寄托在救济和扶持上，或是缺乏自我脱贫能力等，精准扶贫的重点就是瞄准致贫的“病根”，对症下药，靶向治疗。唯物辩证法认为，内因是根本、起主导作用，外因是条件、要通过内因起作用。脱贫攻坚，各方参与是外力、是保障，群众动力是内因、是基础，两股力量有机融合就能形成强大的合力。贫困群众的脱贫意志和迫切愿望是精准扶贫、精准脱贫的力量源泉，重视贫困人口的能力与作用，激发贫困人口的潜能，从人民群众中汲取智慧与力量，既是脱贫持续性的坚强保障，又是加快推进精准扶贫战略、实现脱贫攻坚的有力保证。在精准扶贫的推进过程中，既要物质扶贫，更要精神脱贫，把贫困地区和贫困人口战胜贫困的自信心和意志力扶起来，才是贯彻精准扶贫的可靠保障。

（二）激发内生动力是脱贫攻坚工作的根本保障

穷固然可怕，但靠穷吃穷更可怕。没有脱贫志向，再多扶贫资金也只能管一时、不能管长久。实施脱贫攻坚战略的目的在于实现贫困地区和全国一道如期迈入小康社会，这是我们的长期目标，贫困地区要想脱贫、不返贫，不能只靠政府扶持和救济，必须要把发展内生动力放在突出位置，找到一条根本的可持续的脱贫道路。贫困群众的脱贫动力和能力，都直接影响着贫困户内生动力的发挥。扶志与扶智，一方面从精神上调动起贫困户与贫困做斗争的志气和信心，另一方面让贫困户掌握脱贫的本领和技能，外部的推动作用和内生动力互相促进，变“输血”为“造血”，才是彻底脱贫的保证。

（三）激发内生动力是实现脱贫致富的必由之路

习近平总书记强调，贫困群众既是脱贫攻坚的对象，更是脱贫致富的主体。[1] 习近平总书记的重要论述，深刻回答了脱贫攻坚的动力源泉问题，揭示了好日子是干出来的、脱贫致富终究要靠辛勤劳动来实现的道理，充分体现了中国共产党坚持以人民为中心、尊重群众主体地位和首创精神的发展思想。不少群众内生动力不足的

---

[1]《习近平在打好精准脱贫攻坚战座谈会上强调 提高脱贫质量聚焦深贫地区 扎扎实实把脱贫攻坚战推向前进》，《人民日报》2018 年 2 月 15 日。

根本原因，一方面是缺乏信心，得过且过，脱贫动力不足，另一方面是由于教育水平不高，劳动能力差，缺乏必要的知识和技能。在脱贫攻坚中必须把扶贫同扶志扶智结合起来，引导贫困群众增强主体意识，树立“宁愿苦干、不愿苦熬”的观念，激发勤劳致富、光荣脱贫的干劲和决心，同时授人以渔，培育贫困群众依靠自力更生实现脱贫致富意识，培养贫困群众发展生产和务工经商技能，组织、引导、支持贫困群众用自己辛勤劳动实现脱贫致富，用人民群众的内生动力支撑脱贫攻坚。

二、扶贫同扶志扶智相结合要把握多元化推进的工作方式

中共中央、国务院印发的《关于打赢脱贫攻坚战三年行动的指导意见》和《乡村振兴战略规划（2018—2022 年）》，明确要求注重扶志扶智，引导贫困群众克服“等靠要”思想。

（一）扶贫必须在思想上扶志

弱鸟可望先飞，至贫可能先富，但能否实现“先飞”“先富”，首先要看我们头脑里有无这种意识，贫困地区完全可能依靠自身努力、政策、长处、优势在特定领域“先飞”，以弥补贫困带来的劣势。扶贫工作中既要“输血”，更要“造血”；既要“富口袋”，也要“富脑袋”。如果扶贫不扶志，扶贫的目的就难以达到，即使一度脱贫，也可能会再度返贫。脱贫致富贵在立志，只要有志气、

有信心，就没有迈不过去的坎。要把扶贫同扶志结合起来，着力激发贫困群众发展生产、脱贫致富的主动性，着力培育贫困群众自力更生的意识和观念。这就要求在脱贫攻坚中通过榜样示范带动营造勤劳致富、光荣脱贫氛围，让贫困群众树立对美好生活的信心，积极自发地为脱贫致富行动起来。

（二）扶贫必须在能力上扶智

扶贫必扶智，治贫先治愚。从现实情况看，很多贫困问题，表面上看是物质性问题，但深层次是缺乏改变贫困现状的知识、能力和手段。这就要求在脱贫攻坚中，必须转变思想观念，巧用方式方法，在转变贫困群众的观念、信心等方面加大扶持工作力度，增强贫困群众摆脱贫困的斗志和勇气的同时，把更多心思放在扶智上，通过实用有效的技术培训、指导，契合实际的产业帮扶、就业帮扶等措施，着力解决贫困群众智力短缺的问题，不断增强贫困户自我“造血”功能。在技能“传输”中，不能大水漫灌、大而化之，一定要因人而异、按需“下单”。

（三）扶贫必须在发展上扶持

党委和政府有责任帮助贫困群众脱贫致富，但不能大包大揽。要创造和维护机会公平、规则公平的社会环境，让每个人通过努力都有成功机会。这就要求在脱贫攻坚中，要充分发挥贫困群众主体作用，激发其脱贫致富内生动力，根据他们的自身优势和发展需求，积极鼓励引导，提供必要支持，创造良好条件。要完善参与机制，把扶贫项目由政府“下单”转为群众“点菜”，大力实施以工代赈，扩大贫困群众在项目选择、工程实施等各环节的参与度，特别是在产业扶贫项目上综合考虑市场需求与贫困群众能力，提高项目安排的科学性和吸引力，让贫困群众在参与中提高获得感、激发内生动力。要完善服务机制，根据贫困群众的实际需求有针对性、分层分类加强致富知识和技能的培训、指导，提供发展理念、扶持政策和实用技术，让贫困群众在产业发展实践中长见识、强本领。要完善激励机制，多采取以工代赈、生产奖补、劳务补助等方式，组织动员贫困群众参与帮扶项目实施，提倡多劳多得，教育和引导广大群众用自己的辛勤劳动实现脱贫致富。

第五节

坚持马克思主义思想方法和工作方法，提高攻克深度贫困堡垒的能力本领

习近平总书记关于扶贫工作的重要论述，是坚持和运用辩证唯物主义和历史唯物主义的典范，既是世界观、历史观，也是认识论、方法论，既讲是什么、为什么，又讲怎么看、怎么办，为推进脱贫攻坚提供了思想武器和方法论。我们学习习近平总书记关于扶贫工作的重要论述，既要全面深刻领会其中的丰富内涵和工作要求，也要深刻把握其中的科学思想和工作方法，不断提高做好扶贫工作的能力。

一、坚持问题导向及时发现并解决脱贫攻坚工作的痛点难点堵点

问题是实践的起点、创新的起点。人类认识世界、改造世界的过程，就是一个不断发现问题、解决问题的过程。习近平总书记强调，我们中国共产党人干革命、搞建设、抓改革，都是为了解决中国的现实问题。直面问题是勇气，解决问题是水平。有问题不要遮掩，早发现，早解决，就早主动，就不至于拖下去影响脱贫攻坚大局。正确认识存在问题的客观必然性，勇于承认问题，敢于面对问题，才能找到解决问题的办法，赢得工作主动权。现在脱贫攻坚已经到了最后阶段，攻坚难度越大，暴露的问题也越多。特别是深度贫困地区面临自然条件差、生态环境脆弱、产业基础薄弱、基础设施和社会事业发展滞后，贫困群众思想观念落后等特殊困难和问题，是脱贫攻坚的"坚中之坚"。越是在困难面前越要振奋精神、勇敢往前，决不能畏缩不前，更不能打退堂鼓。习近平总书记指出，实践证明，深度贫困并不可怕。只要高度重视、思路对头、措施得力、工作扎实，深度贫困是完全可以战胜的。[1] 习近平总书记关于扶贫工作的重要论述，蕴含着强烈的问题意识和鲜明的问题

[1]《习近平在深度贫困地区脱贫攻坚座谈会上强调 强化支撑体系加大政策倾斜 聚焦精准发力攻克坚中之坚》，《人民日报》2017 年 6 月 25 日。

导向。我们必须始终坚持问题导向，深刻认识把握实践中存在的突出问题和解决这些问题的紧迫性，聚焦重点、对症下药，提出针对性的解决建议，不断调整优化政策，增强帮扶工作的精准度和实效性。

二、坚持底线思维有效应对脱贫攻坚工作中的风险和挑战

坚持底线思维是做好工作的一个重要策略，凡事只有从最坏处准备，才能争取最好的结果。越是脱贫攻坚不断取得成就，到了胜利在望的时候，越是要有如履薄冰的谨慎、越是要增强忧患意识，把困难和挑战估计得充分一点，把各项工作做得更扎实一些。要坚持现行扶贫标准，既不能随意降低也不能吊高胃口。对各地自行设置的扶贫标准进行检查评估，属于擅自拔高要坚决予以纠正。筑牢社会保障“安全网”，兜住贫困地区民生底线。实施最严格的考核评估，确保脱贫攻坚进度和质量。在着力解决剩余贫困人口脱贫的同时，还要采取措施，有效防止返贫和产生新的贫困。

三、坚持调查研究将问需于民问计于民贯穿脱贫攻坚工作始终

习近平同志指出，调查研究不仅是一种工作方法，而且是关

系党和人民事业得失成败的大问题。[1]没有调查就没有发言权，更没有决策权。在脱贫攻坚调研方面，习近平总书记身体力行，率先垂范。党的十八大以来，习近平总书记 50 多次国内考察涉及扶贫，走遍了 14 个集中连片特困地区。在陕西延安、贵州贵阳、宁夏银川、山西太原、四川成都、重庆、北京，主持召开 7 次脱贫攻坚座谈会，多次听取脱贫攻坚工作汇报，作出一系列重要指示批示。我们要积极开展调查研究，深入了解扶贫工作的新情况、新进展，深刻了解群众的需求和意愿，认真查找脱贫攻坚中存在的问题和短板，从体制机制、政策举措上提出解决的办法。

四、坚持真抓实干推动脱贫攻坚工作决策部署落地落实

中国改革发展的一切成就，扶贫工作的一切成就，都是干出来的。习近平总书记强调，要抓实、再抓实，不抓实，再好的蓝图只能是一纸空文，再近的目标只能是镜花水月。精准脱贫，功在不舍。现在脱贫攻坚已进入最紧要关头，我们必须干字当头，以踏石留印、抓铁有痕的精神，拿出真办法、实措施，下大力气、硬功夫。我们要切实把党中央关于精准扶贫精准脱贫的决策部署和各项要求不折不扣落实到位，决不能表态多调门高、行动少落实差。

---

[1]《习近平在中央党校秋季学期开学典礼上强调 领导干部要读点历史》，《人民日报》2011 年 9 月 2 日。

第六节

坚持传承红色基因，推动革命老区在新时代焕发新光芒

习近平总书记多次强调指出，革命老区是党和人民军队的根，老区和老区人民为中国共产党领导的中国革命作出了重大牺牲和贡献，我们要永远珍惜、永远铭记。2015年，习近平总书记在延安主持召开陕甘宁革命老区脱贫致富座谈会强调，确保老区人民同全国人民一道进入全面小康社会。2019年5月、8月、9月，习近平总书记在赴江西、甘肃、河南等地考察时，均就革命老区振兴发展发表重要讲话。习近平总书记重要论述，为支持革命老区坚决打赢脱贫攻坚战，加快实现高质量发展提供了根本遵循。

一、革命老区是红色基因传承的重要承载地

一寸山河一寸血，一抔热土一抔魂，老区精神积淀着红色基因。2013 年 7 月，习近平总书记在河北西柏坡考察时强调，每到井冈山、延安、西柏坡等革命圣地，都是一种精神上、思想上的洗礼，对我们共产党人来说，中国革命历史是最好的营养剂。2019 年 9 月，习近平总书记在河南考察时强调，革命博物馆、纪念馆、党史馆、烈士陵园等是党和国家红色基因库。要讲好党的故事、革命的故事、根据地的故事、英雄和烈士的故事，加强革命传统教育、爱国主义教育、青少年思想道德教育，把红色基因传承好，确保红色江山永不变色。我们必须深刻领会到，党和人民军队从老区走来、走向胜利，中华人民共和国从老区奠基、日益强大，瑞金中央苏区旧址、于都中央红军长征出发地、古田会议旧址、延安杨家岭中共中央办公厅旧址等一批革命纪念地，在中国共产党历史上留下了浓墨重彩的一笔，蕴含着中华民族伟大复兴的强大力量，必须从老区精神中深入挖掘红色基因的丰富内涵，不断汲取前行的动力，让革命事业薪火相传、血脉永续。

二、革命老区是决战决胜脱贫攻坚战的重点区域

习近平总书记在参加十三届全国人大二次会议福建代表团的

审议时强调，要做好革命老区、中央苏区脱贫奔小康工作。赣闽粤、陕甘宁、大别山、左右江、川陕等革命老区作为多省交界地区、生态敏感地区和集中连片贫困地区，改革开放以来，经济社会发展取得了很大成绩，但是与全国平均水平和所在省区平均水平比较还有不小差距，经济社会发展仍然相对落后。2018 年，江西、广东两省苏区县人均地区生产总值分别仅为全国平均水平的 59.42%、44.95%。多数老区交通相对不便，跨区域大通道建设仍有待加强，铁路基础设施还较为薄弱，铁路网密度和人均铁路网密度低于全国平均水平。今年，脱贫攻坚已进入到最后冲刺阶段，我们必须饮水思源，更加坚定对老区和老区人民“高看一眼、厚爱三分”的使命担当，梳理排查、抓紧工作，支持革命老区打赢脱贫攻坚战，确保老区苏区在全面建成小康社会进程中一个都不掉队。

三、推动革命老区振兴发展是巩固提升脱贫攻坚成果完善区域经济布局的重要一环

2020 年后，革命老区将与全国一样，进入社会主义现代化建设新阶段。革命老区大多远离中心城市和城市群，但是资源禀赋优越，随着构建以国内大循环为主体、国内国际双循环相互促进的新发展格局，未来开放合作发展空间广阔，是新时代完善区域经济布局的重要一环。让老区人民共享经济社会发展成果，是践行以人民

为中心的发展思想的必然要求，是实现高质量发展、建设现代化经济体系的务实举措，也将为全国其他贫困地区巩固提升脱贫攻坚成果作示范，为推动特殊类型地区高质量发展作标杆。我们要深刻领会、坚决贯彻落实习近平总书记关于革命老区振兴发展的重要论述，发挥比较优势，加快推动革命老区实现高质量发展。

四、推动革命老区振兴发展体现了中国共产党的初心和使命

习近平总书记指出，让老区人民过上好日子，是我们党的庄严承诺，各级党委和政府要继续加大对革命老区的支持，形成促进革命老区加快发展的强大合力。[1] 2019 年 5 月，习近平总书记在江西考察时指出，井冈山精神和苏区精神，承载着中国共产党人的初心和使命，铸就了中国共产党的伟大革命精神。以百姓心为心，与人民同呼吸、共命运、心连心，是党的初心，也是党的恒心，无论走得多远、走到再光辉的未来，也不能忘记当初为什么出发。2019 年 9 月，习近平总书记在河南考察时强调，我们绝不能忘记革命先烈，绝不能忘记老区人民，要把革命老区建设得更好，让老区人民过上更好生活，要做好革命老区、贫困地区的工作，保障好老区群

[1]《习近平在山东考察时强调 认真贯彻党的十八届三中全会精神 汇聚起全面深化改革的强大正能量》，《人民日报》2013 年 11 月 29 日。

众生活。我们必须更加深刻地认识到，加快老区苏区振兴发展，让老区人民共享经济社会发展成果，是践行党的初心和使命、全心全意为人民服务的必然要求，是始终保持奋斗精神和革命精神，增强敢于斗争、善于斗争本领的必然要求。

第七节

坚持铸牢中华民族共同体意识，促进各民族像石榴籽一样紧紧拥抱在一起

2014 年 5 月，习近平总书记在第二次中央新疆工作座谈会上指出，要高举各民族大团结的旗帜，在各民族中牢固树立国家意识、公民意识、中华民族共同体意识，最大限度团结依靠各族群众，使每个民族、每个公民都为实现中华民族伟大复兴的中国梦贡献力量，共享祖国繁荣发展的成果。各民族要相互了解、相互尊重、相互包容、相互欣赏、相互学习、相互帮助，像石榴籽那样紧紧抱在一起。中华民族共同体意识是国家统一之基、民族团结之本、精神力量之魂。2017 年 10 月，铸牢中华民族共同体意识正式写入党章，成为全党全国各族人民的根本遵循。

一、中华民族悠久历史由各民族共同铸就

我国是统一的多民族国家，一部中华民族史就是一部各民族团结凝聚、共同奋进的历史。中华文明源远流长，五千年历史长河中，秦汉雄风、大唐气象、康乾盛世，都是各民族共同铸就的历史。我们辽阔的疆域是各民族共同开拓的，各族先民胼手胝足、披荆斩棘，共同开发了祖国的锦绣河山，今天富饶辽阔的国土，是各族先民留给我们的神圣故土，也是中华民族赖以生存发展的美丽家园。我们灿烂的文化是各民族共同创造的，我国各民族创作了诗经、楚辞、汉赋、唐诗、宋词、元曲、明清小说等伟大作品，建设了万里长城、都江堰、大运河、故宫、布达拉宫、坎儿井等伟大工程，中华文化是各民族文化的集大成，各族文化交相辉映，中华文化历久弥新。中华民族精神是各民族共同培育的，在历史长河中，各族人民血流到了一起、心聚在了一起，共同熔铸了以爱国主义为核心的伟大民族精神。中华民族精神是各族人民共同培育、继承、发展起来的，已深深融进了各族人民的血液和灵魂，成为推动中国发展进步的强大精神动力。

二、中华民族崭新面貌由各民族共同缔造

中国共产党创造性地把马克思主义民族理论同中国民族问题具体实际相结合，走出一条中国特色解决民族问题的正确道路，确立了党的民族理论和民族政策，把民族平等作为立国的根本原则之一，把维护国家统一和民族团结作为各民族最高利益，确立了民族区域自治制度。在中国共产党领导下，各族人民共同缔造了新中国，在历史上第一次真正获得了平等的政治权利、共同当家做了主人，终结了旧中国民族压迫、纷争的痛苦历史，开辟了发展各民族平等团结互助和谐关系的新纪元。新中国成立以来，各民族在分布上交错杂居、文化上兼收并蓄、经济上相互依存、情感上相互亲近，形成了你中有我、我中有你、谁也离不开谁的多元一体格局，少数民族群众生活和民族地区经济社会发展获得了历史上前所未有的进步，各民族优秀传统文化得到有效保护和传承，少数民族的面貌、民族地区的面貌、民族关系的面貌、中华民族的面貌都发生了翻天覆地的历史性巨变。中华民族一家亲、同心共筑中国梦，这是新时代我国民族团结进步事业的生动写照，也开辟了一条实现各民族共同繁荣发展的光明大道。

三、各族人民亲如一家是中华民族伟大复兴的重要支撑

中华民族和各民族的关系是一个大家庭和家庭成员的关系，各个民族的关系是一个大家庭里不同成员的关系。中华民族多元一体格局中，一体包含多元，多元组成一体，一体离不开多元，多元也离不开一体，这是老祖宗留给我们的一笔重要财富，也是我们国家的重要优势。当前，各族人民在中国共产党的领导下，高举民族大团结的旗帜，倍加珍惜来之不易的大好局面，实现全面建成小康社会，开启社会主义现代化建设新征程。新时代新征程，要始终坚持以习近平新时代中国特色社会主义思想为引领，坚定走中国特色解决民族问题的正确道路，以铸牢中华民族共同体意识为主线，最大限度团结依靠各族人民，促进各民族和睦相处、和衷共济、和谐发展，巩固和发展平等团结互助和谐的社会主义民族关系，共同实现中华民族伟大复兴。

第八节

坚持治国必治边，促进边疆巩固和边境地区高质量发展

党的十八大以来，以习近平同志为核心的党中央高度重视边境地区发展，提出治国必治边。党的十九大报告指出，要加快边疆发展，确保边疆巩固、边境安全。习近平总书记先后给西藏隆子县玉麦乡守边牧民和云南贡山独龙族群众回信，指出希望他们继续传承爱国守边的精神，做神圣国土的守护者、幸福家园的建设者。习近平总书记的重要讲话精神，为促进边疆巩固和边境地区高质量发展指明了方向。

一、促进边境地区高质量发展有利于提高边民生产生活水平

2017年，习近平总书记在参加新疆代表团审议时强调，要全面落实精准扶贫、精准脱贫，把南疆贫困地区作为脱贫攻坚主战场，要实施好农村安居和游牧民定居工作，要加强水、电、路农牧区基础设施建设，要加快推动边境地区发展，改善边境地区基本公共服务，确保边境居民安心生产生活。我国是世界上陆地边界最长、邻国最多的国家之一，陆地边境线总长约2.2万公里，涉及内蒙古、辽宁、吉林、黑龙江、广西、云南、西藏、甘肃、新疆9省（区），与俄罗斯、蒙古、印度、缅甸、越南等14国接壤。推进边境地区高质量发展，加强对边境地区脱贫攻坚的支持力度，提高边境贫困村基础设施和公共服务设施水平，有利于加快边境地区脱贫奔小康步伐，改善一线边民生产生活条件，实现边民生活富裕，确保边民生活更好，增强他们戍边守疆的责任感和自信心。

二、促进边境地区高质量发展有利于深入推进区域协调发展

习近平总书记在党的十九届四中全会上强调，加强边疆治理，推进兴边富民。受地理、历史等多方面因素影响，边境地区经济社

会发展总体上还相对滞后，基础设施比较薄弱，产业结构相对单一，开发开放层次较低，脱贫攻坚任务艰巨，城市集聚辐射能力不强。边境地区已成为我国区域发展不平衡不充分的短板，与新时代高质量发展的要求相比还有较大差距。与此同时，也要看到，边境地区拥有丰富的矿产和农牧业资源、壮丽的自然景观、灿烂的民族文化、独特的开放区位优势，蕴含着广阔的发展空间和巨大的发展潜力。推进边境地区高质量发展，有利于发挥边境地区比较优势，加快形成新的发展动能，打造内引外联的新增长带，构筑区域协调发展新格局。

三、促进边境地区高质量发展有利于铸牢中华民族共同体意识

习近平总书记给西藏隆子县玉麦乡牧民卓嘎、央宗姐妹回信时指出，有国才能有家，没有国境的安宁，就没有万家的平安。我国陆地边境线的 86.4% 在少数民族地区，107 个边境县有民族自治区域，边境地区常住少数民族人口占边境总人口的近一半。推进边境地区高质量发展，有利于把边境地区打造成为践行新时代党的民族政策的先行区，促进民族团结、共同进步。

四、促进边境地区高质量发展有利于打造“一带一路”建设前沿窗口

2018 年，习近平总书记在参加内蒙古代表团审议时指出，要发挥国家向北开放重要桥头堡作用，优化资源要素配置和生产力空间布局，走集中集聚集约发展的路子，形成有竞争力的增长极。边境地区远离国内中心市场和主要消费群体，是信息、技术、人才、资金等经济要素流动的末梢。但与此同时，随着“一带一路”建设的大力推进，边境地区成为连接内外的重要节点，已经从对外开放的“大后方”转变为全面开放新格局的“最前沿”。推进边境地区高质量发展，有利于充分发挥边境地区拥有的国家级口岸、沿边重点开发开放试验区、边境经济合作区、跨境经济合作区、边境旅游试验区等开发开放平台作用，在更大范围内促进资源和要素流动，激发边境地区发展活力和动力，打造“一带一路”建设前沿窗口。

第九节

坚持绿水青山就是金山银山，推动生态退化地区走绿色发展之路

2013年，习近平主席在哈萨克斯坦纳扎尔巴耶夫大学发表演讲并回答学生们提出的问题时指出，我们既要绿水青山，也要金山银山，宁要绿水青山，不要金山银山，而且绿水青山就是金山银山，旗帜鲜明地提出了绿水青山就是金山银山的理念。绿水青山就是金山银山的理念立足我国国情，把握未来趋势，揭示了人与自然和谐共生关系的实质，强调人只有尊重自然、顺应自然、保护自然，才能更好地让自然为人类生存和发展服务。深刻阐释了生态保护与经济发展之间的辩证统一关系，为加快推动绿色发展提供了方法论指导和路径化对策。

一、绿水青山就是金山银山理念要求高度重视生态环境保护

习近平总书记指出，生态环境没有替代品，用之不觉，失之难存。[1]生态兴则文明兴，生态衰则文明衰。生态环境是人类生存和发展的基本条件，是经济、社会发展的基础。古今中外，这方面的事例众多。恩格斯在《自然辩证法》一书中深刻指出，我们不要过分陶醉于我们人类对自然界的胜利。对于每一次这样的胜利，自然界都对我们进行报复。美索不达米亚、希腊、小亚细亚以及其他各地的居民，为了得到耕地，毁灭了森林，但是他们做梦也想不到，这些地方今天竟因此而成为不毛之地。我国自然环境脆弱、生态承载力低、环境容量不足，历史上黄土高原、渭河流域、太行山脉由于毁林开荒、滥砍乱伐，生态环境一度遭到严重破坏。这些问题产生的实质就是向自然生态系统的过度索取导致人与自然关系严重失衡，使得绿水青山品质严重下降，甚至变成穷山恶水。绿水青山就是金山银山的理念用质朴的语言阐明了保护生态环境的重要性，指出了破坏生态环境需要付出的巨大代价，是健全生态保护补偿机制，推动生态退化地区做好生态保护工作的根本

[1]《习近平在省部级主要领导干部学习贯彻十八届五中全会精神专题研讨班开班式上发表重要讲话强调 聚焦发力贯彻五中全会精神 确保如期全面建成小康社会》，《人民日报》2016 年 1 月 19 日。

遵循。

二、绿水青山就是金山银山理念要求坚持走绿色发展之路

习近平总书记强调，对绿水青山和金山银山之间关系认识有三个阶段，第一阶段是用绿水青山去换金山银山，不考虑或者很少考虑环境的承载能力，一味索取资源；第二阶段是既要金山银山，但也要保住绿水青山，这时候经济发展和资源匮乏、环境恶化之间的矛盾开始凸显出来；第三阶段是认识到绿水青山可以源源不断地带来金山银山，绿水青山本身就是金山银山。三个阶段认识的发展，反映了发展理念的重大变化，实现了从经济优先，到经济发展与生态保护并重，再到生态优先的变化。环顾世界，许多国家，包括一些发达国家，都经历了“先污染后治理”的过程，在发展中把生态环境破坏了，搞了一堆没有价值甚至是破坏性的东西，再补回去，成本比当初创造的财富还要多。能源资源相对不足、生态环境承载能力不强，是我国的一个基本国情。发达国家一两百年出现的环境问题，在我国几十年的快速发展中集中显现，呈现明显的结构型、压缩型、复合型特点，老的环境问题尚未解决，新的环境问题接踵而至。把绿水青山就是金山银山写入党章，就是要求探索高质量发展的新路子，要求绝不以牺牲环境、浪费资源为代价换取一时的经济增长，要求在保护绿水青山的基础上实现金山银山，坚定不移地

走绿色发展道路。

三、绿水青山就是金山银山理念要求统筹推进生态保护与经济发展

经济发展要坚持在发展中保护、在保护中发展，实现经济社会发展与人口、资源、环境相协调。绿水青山和金山银山两者是辩证统一的关系，既不可割裂，又不能相互替代。一方面，不能拿绿水青山换金山银山，不顾生态环境的代价走粗放式发展的道路，一味索取资源、破坏环境，最终得不偿失，既破坏了生态环境，又丧失了发展的机会；另一方面，不能只计当前得失，缺乏长远眼光，对保住绿水青山的重要性认识不够，没有认识到只有保住绿水青山，才能够换来金山银山，才是实现当地长远可持续发展的必由之路。2005 年 8 月，习近平同志在浙江日报《之江新语》专栏发表短论《绿水青山也是金山银山》明确提出，如果把生态环境优势转化为生态农业、生态工业、生态旅游等生态经济的优势，那么绿水青山也就变成了金山银山。我国生态保护重点地区大部分是经济发展落后地区，产业结构不合理，城镇化率低，贫困和生态环境问题交织。解决这类地区的生态环境问题不是简单地停止发展，而是要结合区域自身生态功能定位，因地制宜加快发展特色生态产业，调整产业结构，努力将生态优势转变成经济优势，实现在发展中保护，在保护中发展。做好生态退化地区振兴发展工作，就是要深刻认识

和把握绿水青山与金山银山的关系，在全面保护生态治理环境、提升绿水青山品质基础上，既要让绿水青山变成金山银山，又要通过经济发展使水更绿、山更青，实现生态环境保护和经济发展的双赢。

第十节

坚持落实灾后恢复重建新思路，共同重建幸福美丽新家园

我国是自然灾害多发频发的国家。做好灾区恢复重建工作，直接关系灾区群众的生产生活和切身利益，关系受灾地区的经济发展和社会稳定，体现党治国理政的能力和水平。党的十八大以来，习近平总书记多次对做好灾后恢复重建工作作出重要批示指示，强调要在国家层面研究出台灾后恢复重建工作的指导性政策法规，探索出一条中央统筹指导、地方作为主体、灾区群众广泛参与恢复重建的新路子。习近平总书记的重要论述，开启了我国重大自然灾害恢复重建由中央直接安排部署向地方负责制转变的新探索，充分激发了各方面的积极性、主动性和创造性，是做好灾后重建的根本遵循。

一、做好灾后恢复重建工作要准确把握中央和地方的关系

重大自然灾害的发生，给灾区人民群众造成重大人员和财产损失。中国共产党是中国特色社会主义事业的坚强领导核心，我们国家有社会主义制度决策高效、组织有力、集中力量办大事、办急事、办难事的巨大优越性，这些政治和制度优势，是战胜自然灾害和一切艰难险阻的重要保障。芦山、鲁甸灾后恢复重建的实践证明，在党中央、国务院的统筹指导下，落实省委、省政府对灾后恢复重建的主体责任，由受灾市、县（区）两级地方政府负责组织实施，是能够确保灾后恢复重建工作成效的。从我国国情出发，根据灾害等级、规模和范围，合理界定中央与地方的职责，做到权责统一、投入与责任匹配，建立健全分类管理、分级负责，中央支持、地方为主的重建机制，是科学有序推进灾后恢复重建工作的重要制度保障。

二、做好灾后恢复重建工作要充分发挥政府和市场两种力量

从长期建设和国际比较的角度来看，市场和民间力量的有序引入，有利于推动灾后恢复重建形成基于市场自发运行的内生机制。

制定合适的原则和措施，将灾后恢复重建中的政府和市场两种力量充分融合和发挥，是推动灾区恢复重建的重要遵循。在重建初期，政府资金是灾后重建资金的重要供给主体，要依靠中央统筹、地方负责的机制，支持灾区尽快恢复生产生活秩序。同时，要充分认识到灾后恢复重建是一个系统工程，积极引入民间和市场力量，探索创建多元投入、共建共治的模式，将政府与市场各类资源进行有机整合，加快灾后恢复重建进度，确保灾后恢复重建的质量和效益。

三、做好灾后恢复重建工作要正确处理当前与长远的关系

特别重大自然灾害灾后恢复重建工作中，从规划编制到规划实施都会面临当前救灾和长远发展的问题。要坚持以人民为中心的发展思想，把民生设施重建摆在灾后恢复重建的首要位置，把事关群众利益的事情落到实处，第一时间推进城乡住房和学校、医院等公共服务设施建设，以最快速度恢复灾区生活秩序、以最大限度集中资源建设民生项目、以最大力度改善灾区生活条件。在此基础上，切实将灾后恢复重建与转变当地发展方式、优化区域经济布局、改善发展环境有机结合起来，在重建的同时积极调整和优化城镇空间布局，大力提升基础设施保障能力，科学有序地发展特色优势产业，有利于推动灾区经济社会发展迈上新台阶，加快实现灾区经济社会的全面协调可持续发展。

第十一节

坚持深化供给侧结构性改革，促进老工业地区和资源型地区经济转型

党的十九大报告把深化供给侧结构性改革摆在贯彻新发展理念、建设现代化经济体系这一重要部署的第一位。推进供给侧结构性改革是我国经济发展进入新常态的必然选择，是应对我国经济发展面临矛盾和困难的有效良策，也是老工业地区和资源型地区振兴的必由之路。习近平总书记在参加第十二届全国人大三次会议吉林代表团审议时指出，东北老工业基地的振兴发展，不能再唱“工业一柱擎天，结构单一”的“二人转”，要做好“加减乘除”。既要做好投资拉动扩大总量的“加法”，更要做好淘汰落后产能的“减法”、创新驱动的“乘法”、简政放权提高市场效率的“除法”。习近平总书记强调，资源枯竭型城市在转型发展中首

先要解决好民生问题、保障好困难群众生活。[1] 实现资源型地区经济转型发展，形成产业多元支撑的结构格局，是需要深入思考和突破的重大课题。习近平总书记的系列重要论述为老工业地区和资源型地区以供给侧结构性改革为主线加快转型升级提供了根本遵循。

一、优化产业结构是老工业地区振兴发展的主攻方向

要以供给侧结构性改革为主线，做好老工业城市产业转型升级的“减法”。老工业基地传统产业优势日趋减弱，新兴产业竞争力尚未形成，服务业发展仍然滞后，结构性问题仍是制约振兴发展的主要因素。通过供给侧结构性改革，以提升制造业竞争力为着力点，下决心化解过剩产能特别是淘汰落后产能，坚决杜绝低水平重复建设，整合生产要素，提高产业集中度，有利于更好地为优质企业腾退出发展空间。改造升级“老字号”，巩固壮大传统优势产业，用信息化、绿色化、服务化改造传统产业，培育创新商业模式，有利于化旧存量为新增量，促进传统产业“老树发新芽”，焕发出新的生机与活力。深度开发“原字号”，推动传统优势产业链条向下游延伸，有利于打好产业基础高级化、产业链

[1]《习近平在东北三省考察并主持召开深入推进东北振兴座谈会时强调 解放思想锐意进取深化改革破解矛盾 以新气象新担当新作为推进东北振兴》，《人民日报》2018 年 9 月 29 日。

现代化的攻坚战。培育壮大“新字号”，发展新产业新产品，有利于形成战略性新兴产业和传统制造业并驾齐驱、现代服务业和传统服务业相互促进、信息化和工业化深度融合的产业发展新格局。

要以供给侧结构性改革为主线，做好老工业城市创新驱动发展的“乘法”。老工业城市老工业企业多，普遍存在工艺技术水平落后、研发能力弱、产品档次低、经济效益差等问题。通过供给侧结构性改革，倒逼老工业城市以创新引领产业转型升级，加强创新体系、创新平台、创新能力建设，集聚创新人才，发挥科研院所和高校科技创新基础作用，强化企业技术创新主体作用，加快集成创新综合体、企业技术中心、科技企业孵化器建设，促进技术同市场融合，创新同产业对接，推动科技成果加快向生产力转化，有利于创造良好的创新政策环境，加快形成以创新为主要引领和支撑的经济体系。

二、拓展城市功能是老工业地区振兴发展的有力支撑

要以供给侧结构性改革为主线，做好老工业城市优化发展环境的“除法”。受历史和现实因素制约，老工业城市普遍存在体制机制不活、资源配置效率偏低、要素集聚能力较差等问题。通过供给侧结构性改革，激发政府的积极性主动性创造性，持续深化放管服改革，更大力度优化营商环境，有利于进一步理顺政府和市场的关

系，更好地从放活市场中找办法、找台阶、找出路；推动深化国有企业改革，完善企业治理模式和经营机制，真正确立企业市场主体地位，有利于进一步增强企业的内在活力、市场竞争力、发展引领力；不断改善民营企业经营环境，打破限制民营经济发展的体制机制障碍，有利于鼓励民营企业加快成长为推动老工业城市发展的重要力量。

要以供给侧结构性改革为主线，做好老工业城市保民生补短板的“加法”。老工业城市公共服务设施建设相对薄弱，居民收入水平偏低，生产空间和生活空间布局不合理，居住条件较差，存在较大的安全隐患。通过供给侧结构性改革，以城区老工业区搬迁改造为切入点，积极扩大弥补公共产品和公共服务短板、支持创造新供给和满足新需求的有效投资，有利于培育一批既影响当前、又引领长远，既有利发展、又关乎民生的优质投资项目。在保障基本公共服务有效供给基础上，引导满足群众对居家服务、养老服务、健康服务、文体服务、休闲服务等方面社会需求，支持相关服务行业加快发展，有利于培育形成新的经济增长点，促进民生改善和经济发展有效对接、相得益彰。

三、解决历史遗留问题是资源型地区经济转型的首要任务

历史遗留问题是制约资源型地区转型发展的首要问题。历史

上，资源型地区多因矿而兴、因矿设城，发展初期政府职能与企业职能混同，企业办社会现象比较普遍，特别是在高消耗、高排放、高污染的旧有发展模式和“先生产、后生活”的思想影响下，资源型地区在历史发展过程中一定程度上忽视了民生需求，并付出了高昂的发展成本，大量居民生活在破旧的棚户区中，基础设施建设不完善，公共服务缺失，生态环境破坏严重。尤其是在采煤集中的地区，由于长时间大规模无序开采，造成了地表沉陷，出现了大面积的采煤沉陷区。部分矿区位置偏远，对外交通联系不便，大量的独立工矿区成为远离城区的“飞地”，当地群众就医、上学等日常生活需要难以得到满足。由于资源开采引发的地质灾害不断发生，当地群众生命财产安全受到巨大威胁，严重影响正常生产生活秩序。突出的历史遗留问题，严重制约了资源型地区全面协调可持续发展。

推进供给侧结构性改革是资源型地区化解历史遗留问题的有效举措。一是能够加快补齐基础设施短板。通过加强公路、铁路、物流等基础设施网络建设，强化资源型地区基础体系支撑，全面提升基础设施互联互通水平，进一步发挥基础设施对经济转型发展的重要支撑作用。二是能够加快补齐公共服务短板。通过加快补齐科技人才、教育医疗等突出短板，进一步完善科技、教育、医疗等城市功能，促进资源型城市实现由功能型城市向复合型城市转变，更好解决人民群众反映强烈的教育、医疗等问题，更好地满足经济发展和人民群众的需要，充分调动和保护人民群众的积极性。三是能够加快补齐生态环境短板。通过坚决摒弃损害甚至破坏生态环境的发展模式，积极推进生态文明建设，推行绿色生产、绿色生活方式，加快解决生态破坏、环境污染问题，不断改善生态环境质量，提供更多优质生态产品以满足人民日益增长的对优美生态环境的需要。

四、发展接续替代产业是资源型地区经济转型的动力源泉

优化调整产业结构是推进资源型地区转型发展需要解决的关键问题。长期以来，资源型地区经济发展主要依赖资源型产业。随着资源储量衰减、国际大宗商品价格波动和生态环境保护要求愈发严格，不少资源型地区面临着经济增速放缓、产业支撑下降、转型发展滞后等问题。相较全国其他地方，资源型地区受计划经济模式的持续影响程度更深、范围更广，普遍存在国有企业比重高，干部职工市场经济观念淡薄，民营企业活力不强、竞争力偏弱等问题。

推进供给侧结构性改革是资源型地区优化产业结构的现实选择。一是加快推进去产能能够有效释放发展空间。通过深化供给侧结构性改革，将宝贵的资源要素从产能相对过剩、增长空间有限的产业和“僵尸企业”中释放出来，优化产业结构，增强企业竞争力，提高有效供给能力，创造新的生产力，重铸发展新优势，实现经济转型。二是加快推进降成本能够有效激发市场活力。推进供给侧结构性改革，综合施策降低各类交易成本特别是制度性交易成

本，深化“放管服”改革，有效厘清市场与政府的边界，提高资源型地区政府服务水平，科学配置行政资源和市场要素，营造包容、审慎监管的营商环境，提高供给效率，扩大优质增量供给，释放市场活力。三是加快推进发展动能转换能够有效增强内生动力。通过深化供给侧结构性改革，加大传统产业技术改造投入支持力度，推动互联网、大数据、人工智能和实体经济深度融合，在创新引领、绿色低碳、共享经济、现代供应链、人力资本服务等领域培育新增长点，推动形成新的发展动能，实现发展方式转变、增长动力转换，不断提升经济转型发展的质量，有力支持资源型地区可持续发展。

学习贯彻习近平新时代中国特色社会主义经济思想

做好“十四五”规划编制和发展改革工作

系列丛书

第三章

党的十八大以来脱贫攻坚和特殊类型地区振兴发展取得了历史性成就

党中央、国务院历来高度重视老少边贫等特殊类型地区振兴发展。党的十八大以来，以习近平同志为核心的党中央把脱贫攻坚作为实现第一个百年奋斗目标的重点工作，把支持老少边贫等特殊类型地区发展摆在治国理政的重要位置。国家发展改革委认真学习贯彻习近平总书记系列重要论述，以易地扶贫搬迁、贫困地区发展、特殊类型地区振兴为重点，强化顶层设计，完善政策体系，加大投入力度，推动脱贫攻坚工作取得重大决定性成就，特殊类型地区发展瓶颈得到缓解，区域群众收入水平大幅提高，获得感、幸福感、安全感明显增强。贫困人口从2012年末的9 899万人减少到2019年末的551万人，累计减贫9 348万人，7年累计减贫幅度达到94.4%，农村贫困发生率从2012年末的10.2%下降到2019年末的0.6%。52个未摘帽县2020年将全部摘帽，区域性整体贫困基本得到解决。革命老区振兴发展取得重大进展，老区经济社会发展迸发新的活力；民族地区经济社会实现较快发展，中华民族共同体意识持续增强；边境建设和沿边开发开放水平显著提高；生态保护补偿机制建设迈上新台阶，绿色发展理念落地见效；资源型地区转型发展取得阶段性成果，初步探索出各具特色的转型路径；老工业城市调整改造取得阶段性成效，新旧动能加快转换；试点示范深入推进，开发开放平台建设取得重要进展。

第一节

脱贫攻坚政策和制度体系建立健全

党的十八大以来，以习近平同志为核心的党中央把脱贫攻坚纳入“五位一体”总体布局和“四个全面”战略布局，摆到治国理政的重要位置，围绕脱贫攻坚目标，建立健全责任、政策、投入、动员、监督、考核六大体系，为打赢脱贫攻坚战提供了坚实的制度保障。

一、脱贫攻坚责任体系持续强化

《中共中央 国务院关于打赢脱贫攻坚战的决定》提出了“中央统筹、省负总责、市县抓落实”的工作机制，《脱贫攻坚责任制实施办法》进一步予以细化。中央主要负责制定脱贫攻坚大政方针，出台重大政策举措，完善体制机制，规划重大工程项目，协调全局性重大问题、全国性共性问题，指导各地制定脱贫滚动规划和年度计划，有关中央和国家机关按照工作职责，落实脱贫攻坚责任；省级党委和政府对本地区脱贫攻坚工作负总责，并确保责任制层层落实，中西部22个省份党政主要负责同志向中央签署脱贫攻坚责任书，立下军令状；市级党委和政府负责协调域内跨县扶贫项目，对脱贫目标任务完成等工作进行督促指导和监督检查；县级党委和政府承担脱贫攻坚主体责任，负责制定脱贫攻坚实施规划，优化配置各类资源要素，组织落实各项政策措施，县级党委和政府主要负责人是第一责任人。同时，强化了东西部扶贫协作、定点扶贫以及社会各界合力攻坚的责任，构建起了责任清晰、各负其责、合力攻坚的责任体系。

二、脱贫攻坚政策体系不断健全

围绕落实脱贫攻坚决策部署，着力构建适应精准扶贫精准脱贫需要、强力支撑的政策体系。党的十八大以来，中共中央办公厅、国务院办公厅和国务院扶贫开发领导小组制定配套文件19个，启动实施“十三五”脱贫攻坚规划。中央和国家机关各部门出台政策文件或实施方案，形成政策合力。各地也不断完善“1+N”脱贫攻坚系列文件，内容涉及产业扶贫、易地扶贫搬迁、劳务输出扶贫、交通扶贫、水利扶贫、教育扶贫、健康扶贫、金融扶贫、农村危房改造、土地增减挂钩、资产收益扶贫等，瞄准贫困人口，因地制宜，分类施策。

三、脱贫攻坚投入体系更加完善

坚持政府投入的主体和主导作用，增加金融对脱贫攻坚的投放，吸引社会资金参与扶贫开发。党的十八大以来，中央补助地方财政专项扶贫资金年均增长 21%（见图 3–1），省市县三级财政扶贫资金投入也大幅度增长（见图 3–2）。2016—2019 年，易地扶贫搬迁各类资金下达超过 6 000 亿元。出台扶贫小额信贷和扶贫再贷款政策，加强资金市场扶贫、保险扶贫和土地政策支持等。

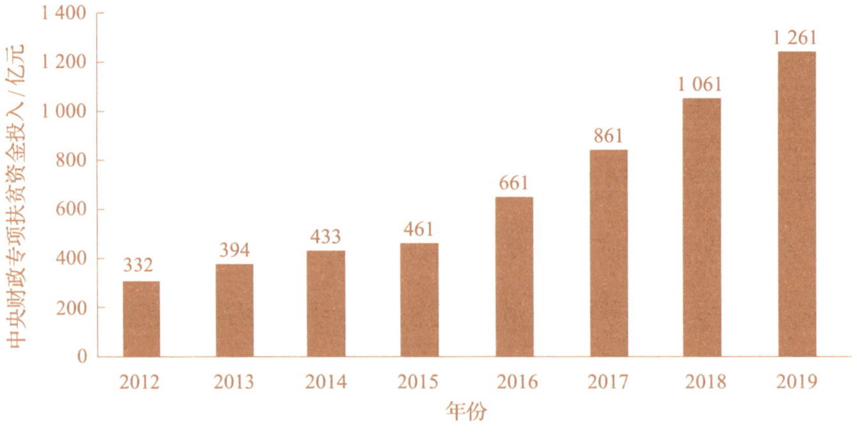

图 3–1　2012—2019 年中央财政专项扶贫资金投入

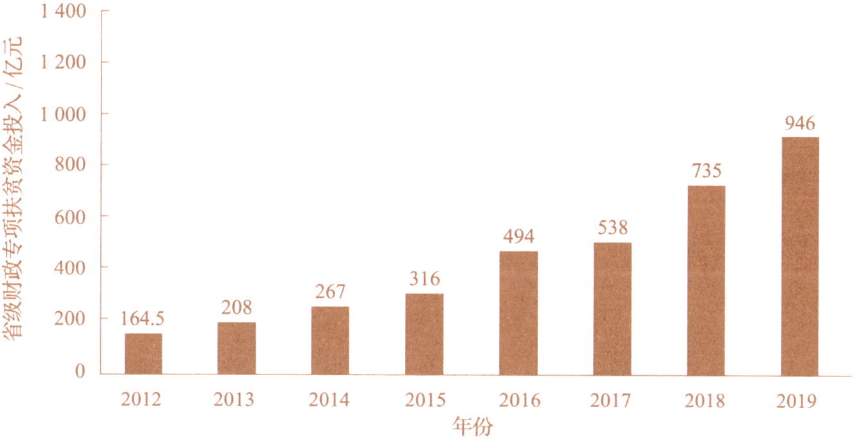

图 3-2　2012—2019 年省级财政专项扶贫资金投入

四、脱贫攻坚动员体系全面构建

中共中央办公厅、国务院办公厅先后印发《关于进一步加强东西部扶贫协作工作的指导意见》和《关于进一步加强中央单位定点扶贫工作的指导意见》，细化实化帮扶任务和工作要求。调整完善东西部扶贫协作结对关系，实现对 30 个民族自治州结对帮扶的全覆盖。东部 9 省（市）帮扶中西部 14 个省（区、市），全国支援西藏和新疆，东部 343 个经济较发达县市区与中西部 573 个贫困县开展携手奔小康行动。对口支援新疆、西藏和四川云南甘肃青海涉藏州县在现有机制下更加聚焦精准扶贫精准脱贫，瞄准建档立卡贫困人口精准发力，提高对口支援实效。进一步加强中央单位定点扶贫工作，推动定点扶贫工作重心下沉，提高精准度和有效性，308

家中央单位定点帮扶 592 个扶贫开发工作重点县，地方各级党政机关、国有企事业单位都承担了帮扶贫困县和贫困村的任务。全军部队定点帮扶 4 100 个贫困村。中央企业设立贫困地区产业投资基金、开展“百县万村”扶贫行动。民营企业实施“万企帮万村”精准扶贫行动，9.99 万家民营企业结对帮扶 6.56 万个贫困村。2014 年，国务院将 10 月 17 日确定为扶贫日，每年组织开展扶贫日系列活动。建立扶贫荣誉制度，设立全国脱贫攻坚奖，表彰脱贫攻坚模范，激发全社会参与脱贫攻坚的积极性。

五、脱贫攻坚监督体系严格执行

十九届中央第一轮巡视将脱贫攻坚工作纳入 14 个巡视省（区）监督内容。十九届中央第二轮巡视对 13 个省（区、市）和 11 个中央部门、2 个中管企业进行脱贫攻坚专项巡视。制定脱贫攻坚督查巡查工作办法，对各地各部门落实中央决策部署开展督查巡查。督查坚持目标导向，着力推动工作落实。巡查坚持问题导向，着力解决突出问题。8 个民主党派中央分别对应 8 个贫困人口多、贫困发生率高的省份开展脱贫攻坚民主监督，成为彰显我国多党合作制度优势的新实践。扶贫部门加强与审计、财政等部门和媒体、社会等监督力量的全方位合作，综合运用各方面监督结果，加强对各地工作指导。设立 12317 扶贫监督举报电话，畅通群众反映问题渠道，接受全社会监督。

六、脱贫攻坚考核体系规范落实

中共中央办公厅、国务院办公厅印发《省级党委和政府扶贫开发工作成效考核办法》，从2016年到2019年，国务院扶贫开发领导小组每年开展了一次考核，主要考核减贫成效、精准识别、精准帮扶、扶贫资金使用管理等方面内容。建立东西部扶贫协作和中央单位定点扶贫工作考核评价机制。建立扶贫资金违规使用责任追究制度。制定严格、规范、透明的国家扶贫开发工作重点县退出标准、程序、核查办法。改进贫困县退出专项评估检查，由各省（区、市）统一组织，因地制宜制定符合贫困地区实际的检查方案，并对退出贫困县的质量负责。中央结合脱贫攻坚巡查工作，对贫困县退出进行抽查。建立对扶贫政策落实情况和扶贫成效的第三方评估机制（见图3–3）。各省（区、市）出台对贫困县扶贫成效考核办法。

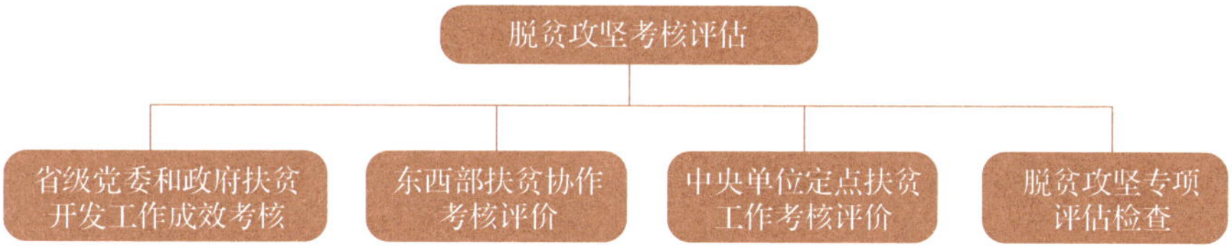

图3–3 脱贫攻坚考核评估体系

第二节

易地扶贫搬迁取得决定性成就

习近平总书记指出，易地搬迁是解决一方水土养不好一方人、实现贫困群众跨越式发展的根本途径，也是打赢脱贫攻坚战的重要途径。[1]我国是世界上最大的发展中国家，地域广阔、自然环境差异大，一些生活在资源贫乏、生态脆弱、灾害易发频发、基础设施和公共服务难以覆盖等地区的贫困群众，通过传统扶贫手段难以实现就地脱贫，只能实施易地扶贫搬迁，通过“挪穷窝”“换穷业”，从根本上解决其脱贫发展的问题。

---

[1]《习近平在陕西考察时强调 扎实做好“六稳”工作落实“六保”任务 奋力谱写陕西新时代追赶超越新篇章》，《人民日报》2020 年 4 月 24 日。

一、成为了打赢脱贫攻坚战的“头号工程”和标志性工程

从“一方水土养不好一方人”地区的现实需求看，这些地区资源环境承载能力不足、自然灾害频发，以及交通不便、信息不畅、人才短缺、市场不完善，形成了“贫困—经济社会发展落后—贫困程度加深”的恶性循环。经过多轮扶贫开发，贫困状况仍未发生根本改变，实施易地扶贫搬迁势在必行。贫困群众虽然搬迁愿望强烈，但受自身能力和收入水平限制而无力搬迁。党中央、国务院顺应人民对美好生活向往的现实需求，有计划、有组织地实施了新时期易地扶贫搬迁工程。

易地扶贫搬迁统筹考虑人往哪里搬、地在哪里划、房屋如何建、收入如何增、生态如何护、新社区如何管等问题，系统推进安全适用住房建设、配套基础设施和公共服务设施、搬迁群众就业空间拓展、迁出区生态修复等，促进了人口、资源、生态的协调发展，政策性强、涉及面广、实施难度大、工作链条长，是脱贫攻坚最难啃的“硬骨头”，也是打赢脱贫攻坚战的“头号工程”和标志性工程。

二、谱写了人类迁徙史和世界减贫史上的壮丽篇章

从人类的发展历史看，迁徙是人类顺应发展趋势的必然选择，

是人们追求美好生活的重要途径。在贫困地区，拥有一定经济基础、视野开阔的群众持续不断地向更适合发展的地方迁徙，他们生产生活状况的持续改善，对原居住地未搬迁群众形成了强烈的示范作用。通过易地搬迁实现脱贫发展，成为生存条件恶劣、生态环境脆弱地区贫困群众的广泛共识。“十三五”以来，我国用 5 年时间投入 6 000 多亿元，完成了对“一方水土养不好一方人”地区近 1 000 万名贫困人口的搬迁建设任务，2020 年底将实现所有搬迁贫困群众全部脱贫的宏伟目标，取得了举世瞩目的成就。在如此短的时间内对如此多的贫困人口实施易地搬迁，力度之大、规模之广、影响之深，前所未有，可以说是继土地改革、实行家庭联产承包责任制之后，在贫困地区农村发生的又一次伟大而深刻的历史性变革，体现了以习近平同志为核心的党中央为民情怀、宏大气魄和英明决策，展现了中国共产党人“不忘初心、牢记使命”的责任担当，彰显了中国特色社会主义集中力量办大事的制度优势，创造了我国减贫史上的最好成绩，谱写了人类反贫困历史的新篇章。

（一）有效解决了“一方水土养不好一方人”地区近 1 000 万名贫困人口的脱贫发展问题，为打赢脱贫攻坚战、实现第一个百年奋斗目标作出了重大贡献

各地共建设集中安置点近 3.5 万个、安置房 266 万余套，配套建设一大批水、电、路、气、网等基础设施和教育、医疗、文化等公共服务设施，布局建设一大批配套产业就业项目，为搬迁群

众逐户落实后续脱贫扶持措施，实现了住有所居、幼有所育、学有所教、劳有所得、病有所医、老有所养、弱有所扶。通过实施易地扶贫搬迁，不仅解决了近 1 000 万名搬迁群众“两不愁三保障”问题，完成了“十三五”全国近 1/5 贫困人口的脱贫攻坚任务，还通过“挪穷窝、换穷业、拔穷根”，从根本上阻断了贫困代际传递。实践证明，易地扶贫搬迁是解决“一方水土养不好一方人”地区贫困群众脱贫发展问题的根本途径。一些大龄单身汉迁入新居后告别了单身，仅湖北宣恩县就有 62 对新人在安置点喜结良缘。

（二）充分体现了经济、社会、生态等多方面的综合效益，为解决区域性整体贫困、促进贫困地区高质量发展打下了坚实基础

在拉动经济发展方面，易地扶贫搬迁工程直接投资 6 000 多亿元，加上撬动的各级财政资金、东西部扶贫协作和社会帮扶、群众自筹资金等超过 1 万亿元，有力拉动了贫困地区固定资产投资，促进了经济社会全面发展。仅贵州省就直接投资超过 1 000 亿元，创造了大量就业岗位。通过搬迁，推动中西部省份近 500 万人在城镇集中安置，大幅提升了贫困地区城镇化率，大大优化了城乡空间布局，为推进中国特色新型城镇化建设开辟了新空间。如贵州、陕西、广西等省（区）城镇化率因搬迁分别提升了 5 个、4.2 个、3 个百分点，云南怒江州、贵州黔西南州城镇化率分别提升了近 20

个和 12 个百分点。在促进社会发展方面，有力推动了贫困地区人口集聚和基本公共服务提升。如，由于搬迁后教学条件改善，贵州省晴隆县三宝乡整乡迁入县城后，当年搬迁户子女学习成绩大幅提升。深化了安置区社会治理，有效促进社区融入，使“听党话、感党恩、跟党走”的观念深入人心，搬迁群众的获得感、幸福感、安全感明显提升。在生态保护修复方面，各地对旧宅基地实施复垦复绿，推动迁出区生态环境明显改善，不少因承载人口过多而破坏生态环境的贫困地区恢复了“绿水青山”，实现了脱贫攻坚与生态保护一个战场、两场战役的双赢。如，山西省推动“山庄窝铺搬出来、转移就业走出来、陡坡耕地退下来、荒山荒坡绿起来”，实现了脱贫攻坚与生态保护的双赢。

（三）有力彰显了中国特色社会主义制度集中力量办大事的巨大优势，为全球减贫事业贡献了中国智慧和中国方案

在如此短的时间内，一栋栋新楼房、一个个新社区拔地而起，使世世代代生活在深山大川里的贫困群众，搬到了生产生活条件较好的地区，享受到了更优越的基础设施条件和基本公共服务，迅速融入现代文明，一揽子解决了脱贫致富和长远发展问题，在短期内实现了需要几代人才能完成的历史性跨越。这不仅是千万贫困群众在地理位置上的迁移，而且是生产生活方式的重建、城乡格局的重构和社会关系的重塑，更是全党、全国、全社会集中力量帮助搬迁群众摆脱贫困、走向富裕的真实写照。这样的工作推进力度、速度

和伟大成就，足以向全世界证明中国共产党领导的政治优势和中国特色社会主义制度优势。这一伟大减贫成就，是中国共产党团结带领人民群众历经千辛万苦、付出各种代价取得的宝贵成果，是中华民族为人类社会作出的重大贡献，为其他国家类似地区减贫和移民事业提供了重要借鉴。

三、树立了组织实施国家重大民生工程的成功典范

“十三五”以来，国家发展改革委、国务院扶贫办切实履行易地扶贫搬迁工程牵头部门职责，坚决贯彻落实党中央、国务院决策部署，始终坚持精准扶贫、精准脱贫的基本方略，坚守“搬迁是手段、脱贫是目的”的如磐初心，不断创新工作方式，着力强化顶层设计，全力推进工程建设，扎实做好搬迁安置和后续扶持各项工作，形成了以“政策出台—解读培训—观摩交流—典型推介—纠错纠偏—宣传引导”为主要特点的国家重大扶贫工程推进落实机制，使易地扶贫搬迁成为了创新体制机制实施国家重大民生工程的成功典范。

（一）顶层设计系统全面

研究起草并出台《“十三五”时期易地扶贫搬迁工作方案》《全国“十三五”易地扶贫搬迁规划》《新时期易地扶贫搬迁工作百问百答》等文件规划，会同相关部门出台安置住房建设面积控制、金

融支持、土地增减挂钩节余指标交易、就业帮扶、社区管理等一系列配套政策，搭建起“四梁八柱”的政策制度体系，打通了政策设计“最先一公里”和政策落地“最后一公里”。

（二）组织动员高效有力

建立“中央统筹、省负总责、市县抓落实”的易地扶贫搬迁工作机制，按照“管住两头、放开中间”的原则，推动中央部门一手抓政策资金供给、一手抓监督考核评估，同步压紧压实省、市、县党委政府责任，推动形成上下联动、部门协同的工作格局。筹备召开 1 次全国电视电话会议，5 次全国现场会，多次组织召开推进会、视频会、问题整改专题会，举办多期专题培训和政策宣讲活动，通过分阶段部署推进、典型推介、观摩交流等方式，组织动员各地区、各部门把握方向、明确重点、狠抓落实。

（三）搬迁对象识别精准

2015 年下半年至 2016 年初，组织各地开展搬迁对象摸排，将生活在“一方水土养不好一方人”地区有搬迁意愿贫困人口精准确定为搬迁对象，基本确定搬迁人口规模。为满足各省因群众意愿变化等原因导致搬迁对象发生变化的需求，在搬迁总规模保持基本稳定的前提下，适时部署各地开展搬迁对象动态调整工作。经反复摸排核实，全国 22 个省份约 1 400 个县确定了 960 多万名需搬迁建档立卡贫困人口，并在全国脱贫攻坚信息系统中专门建立易地搬迁模块，将搬迁人口全部精准到户到人，实现了搬迁对象精准。

（四）筹资方式创新多元

充分发挥中央投资引导作用和中央财政贴息的撬动作用，创新性地引入政策性、开发性金融资金和地方政府债务资金超过 5 000 亿元，共筹集各类资金 6 000 亿元，足额保障了“十三五”时期工程建设资金需求。出台支持政策，允许将节余指标跨省或在省域内流转交易，为地方政府偿还贷款、债券等融资资金提供了重要来源。

（五）后续扶持措施有效

研究出台《关于进一步加大易地扶贫搬迁后续扶持工作力度的指导意见》《2020 年易地扶贫搬迁后续扶持若干政策措施》，安排中央预算内投资补齐大型安置区教育、医疗设施短板，推动各地及时将工作重心由工程建设转向后续扶持。出台专项政策，支持安置区完善配套设施、开展就业帮扶专项行动、做好安置房不动产权登记、加强金融扶持、强化社区管理等，形成了较为完善的易地扶贫搬迁后续扶持政策体系。针对特大型、大型、中型、小微型安置区的不同特点，分区分类精准施策，推动后续扶持政策“精准滴灌”到每一个安置区。

（六）问题整改及时到位

将易地扶贫搬迁工作开展情况作为省级党委政府脱贫攻坚成效考核和国家脱贫攻坚督查巡查的重要内容，持续督促各地毫不松懈抓好易地扶贫搬迁工作。建立常态化事中事后监管巡查工作机制，组建了由250余名专家组成的监管巡查队伍，采取常规性、机动式相结合的方式开展“拉网式”监管巡查，累计派出1 100余人次，实地查看全国300多个县的1 000多个安置区，入户访谈4 000余户，通过下达整改通知、通报、约谈等手段，督促指导地方深化问题整改，确保政策执行不走偏、工作落实不走样。

（七）宣传引导广泛深入

坚持既要做好也要说好，将成效宣传始终作为易地扶贫搬迁工作重点，讲好搬迁脱贫故事，为易地扶贫搬迁工作推进营造良好氛围。发布《中国的易地扶贫搬迁政策》白皮书，连续3年编辑出版《全国易地扶贫搬迁年度报告》，连续4年在全国扶贫日举办易地扶贫搬迁论坛。

第三节

精准扶贫精准脱贫各项政策举措深入实施

脱贫攻坚贵在精准，重在精准，成败之举在于精准。开对“药方子”，才能拔掉“穷根子”。为打赢打好脱贫攻坚战，各地方各部门充分发挥职能作用，持续加强脱贫攻坚政策实施力度，靶心不移，多措并举，深入实施精准扶贫精准脱贫基本方略，推动各项脱贫攻坚政策举措取得显著成效。

一、组织实施产业扶贫拓宽贫困群众增收渠道

习近平总书记指出，产业扶贫是最直接、最有效的办法，也是

增强贫困地区造血功能、帮助群众就地就业的长远之计。[1]要把发展生产扶贫作为主攻方向，努力做到户户有增收项目、人人有脱贫门路。党的十八大以来，农业农村部、国务院扶贫办等部门不断强化贫困地区特色产业发展指导推进力度，组织编制产业扶贫规划，出台完善政策举措，总结推广典型范例，扎实推进贫困地区新型农业经营主体培育、科技人才服务、农产品产销对接等重点工作，促进贫困地区发展产业带动就业增收取得明显成效。

二、组织实施就业扶贫带动贫困劳动力就业增收

一人就业，全家脱贫，增加就业是最有效最直接的脱贫方式。党的十八大以来，大力开展劳务协作，扶持发展扶贫车间，加强创业带动，强化技能培训，开发公益性岗位，上下联动，攻坚克难，就业扶贫取得明显成效。截至 2019 年底，全国已累计实现 2 373 万名建档立卡贫困人口外出务工，其中跨省务工人数有 956 万人。

三、组织实施生态扶贫推动脱贫攻坚和生态保护相互促进

习近平总书记强调，绿水青山就是金山银山。我国森林草原

[1]《习近平在广东考察时强调 高举新时代改革开放旗帜 把改革开放不断推向深入》,《人民日报》2018 年 10 月 26 日。

区、生态脆弱区、深度贫困地区“三区”高度重合，林地、草原、湿地、荒漠化土地占国土面积70%以上，分布着全国60%的贫困人口，这些地区是生态建设的主战场，也是脱贫攻坚的主战场。通过实施生态补偿、国土绿化、生态产业和生态环保等措施，激发贫困人口内生动力，吸纳贫困人口就地参与劳务，促进增收脱贫，实现了一个战场打赢脱贫攻坚和生态保护两场战役。

四、组织实施教育扶贫全力解决贫困群众子女上学难问题

坚持把教育扶贫作为脱贫攻坚的优先任务，强化组织领导，聚焦重点难点，合力攻坚克难，构建了较为完善的教育扶贫制度体系，深入实施一系列补短兜底的教育扶贫工程项目，不断完善精准到人的困难学生资助体系，推动落实有针对性的教育扶贫倾斜政策，努力实现“人人有学上、个个有技能、家家有希望、县县有帮扶”，促进教育强民、就业安民，全面完成教育扶贫各项任务。

五、组织实施健康扶贫全力解决贫困群众看病难问题

深入实施健康扶贫工程，努力让农村贫困人口有地方看病、有医生看病、有制度保障看病和少生病。以县医院能力建设、“县乡一体、乡村一体”机制建设、乡村医疗卫生机构标准化建设为三大

主攻方向，全面提升贫困地区医疗卫生服务能力；救治预防双管齐下，逐人逐户逐病摸清贫困人口患病情况，实行大病和慢性病分类救治；立足基本医保、大病保险、医疗救助三重制度，实现综合保障、梯次减负，实行县域内住院“先诊疗后付费”和“一站式”直接结算报销服务，努力减轻农村贫困人口医疗费用负担；开展疾病预防和健康宣教，推动疾病预防关口前移。

六、组织实施金融扶贫为脱贫攻坚提供资金保障

不断完善金融扶贫政策体系，通过加强宏观信贷政策指导，综合运用多种货币政策工具，调动全金融系统力量集中攻坚，引导金融机构将更多资源投向贫困地区，为打赢脱贫攻坚战提供有力支撑。

七、完善社会保障体系不断提高贫困群众兜底保障水平

党的十八大以来，农村低保、特困人员救助供养和临时救助等制度加快完善，兜底保障水平不断提高，为如期打赢脱贫攻坚战、全面建成小康社会提供了坚实底线支撑。

第四节

绝对贫困问题得到历史性解决

党的十八届五中全会确定到2020年现行标准下农村贫困人口实现脱贫、贫困县全部摘帽、解决区域性整体贫困的脱贫攻坚目标。经过全党全社会7年多精准扶贫，4年多脱贫攻坚战，取得了决定性进展和历史性成就。

一、创造了减贫史上最好成绩

连续7年每年减贫人口都在1 000万人以上，贫困人口从2012年底的9 899万人减到2019年底的551万人，贫困发生率由2012年底的10.2%降至2019年底的0.6%（见图3–4），打破了前两轮扶贫每当贫困人口减到3 000万人左右就减不动的瓶颈。全国 832 个贫困县有 780 个摘帽，未摘帽县减至 52 个（见图 3-5），区域性整体贫困基本得到解决。

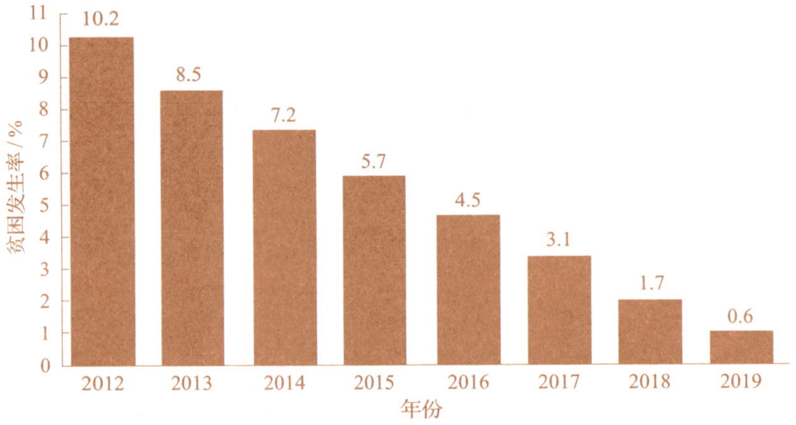

图 3-4　2012—2019 年贫困发生率下降情况

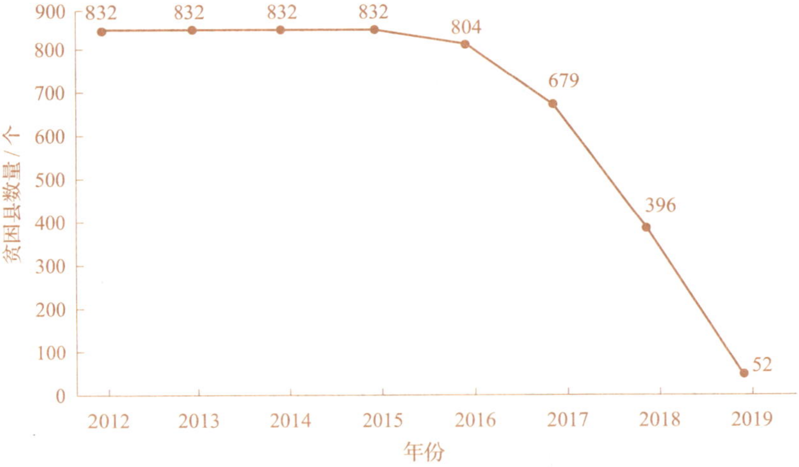

图 3-5　2012—2019 年剩余贫困县数量

二、贫困地区农村居民收入增长迅速

2013—2019 年，贫困地区农村居民人均可支配收入由 6 079 元增加到 11 567 元，年均增长 9.7%，比同期全国农民人均可支配收入增幅高 2.2 个百分点。从结构上看，2019 年贫困地区农村居民人均工资性收入 4 082 元，转移净收入 3 163 元，财产净收入 159 元，增速均快于全国平均水平；经营净收入 4 163 元，增速高于 2018 年同期水平。从贡献率看，工资、经营性收入占比上升，转移性收入逐年下降，自主脱贫能力稳步提高。值得一提的是，2019 年集中连片特困地区农村居民人均可支配收入为 11 443 元，增速高于全国农村平均水平。

三、深度贫困地区区域性整体贫困得到有效解决

在各地区、各部门和社会力量的合力攻坚下，深度贫困地区脱贫攻坚多个方面取得了标志性进展，特别是“三区三州”贫困人口大幅减少。根据国务院扶贫办建档立卡数据，截至 2019 年底，“三区三州”贫困人口从 2013 年的 532 万人减少到 43 万人，贫困发生率从 25.5% 下降到 2%。“三区三州”外中西部 169 个深度贫困县贫困人口从 2013 年的 1 781 万人减少到 90 万人，平均贫困发生率从 27.7% 下降到 1.4%。“三区三州”脱贫攻坚实施方案进展顺利，资金

到位率超过三年计划的95%，项目完工率超过85%。未脱贫贫困人口“两不愁三保障”主要问题基本解决，深度贫困地区基础设施和公共服务保障水平明显提升，贫困群众的获得感、满意感明显增强。

四、贫困地区农村治理能力明显提升

坚持推进抓党建促脱贫攻坚，通过组织开展贫困识别、精准帮扶、贫困退出，基层党组织的战斗堡垒作用和共产党员的先锋模范作用得到充分发挥，农村基层党组织凝聚力和战斗力明显增强，农村基层治理能力和管理水平明显提高，党群干群关系不断改善，党在农村的执政基础进一步巩固。全国累计派出驻村工作队超过25.5万个、累计选派县级以上党政机关和国有企事业单位干部超过290多万名到贫困村和软弱涣散村担任第一书记或驻村干部。新冠肺炎疫情防控中，贫困地区基层干部展现出较强的战斗力，许多驻村工作队拉起来就是防“疫”队、战“疫”队，呈现了干部经受脱贫工作历练的成果。

五、为全球减贫事业提供了重要借鉴

（一）为全球减贫事业贡献了“中国力量”

从减贫速度看，中国明显快于全球。世界银行发布的数据显示，按照每人每天1.9美元的国际贫困标准，1981—2015年，我国贫困发生率累计下降了87.6个百分点，年均下降2.6个百分点，同期全球贫困发生率累计下降32.2个百分点，年均下降0.9个百分点。特别是2013年实施精准扶贫以来，我国每年减少贫困人口1 300多万人，七年减少9 300多万人，有力加快了全球减贫进程，为其他发展中国家树立了标杆，提供了榜样，坚定了全世界消除贫困的信心。联合国秘书长古特雷斯发贺信称赞中国的减贫方略，指出“精准减贫方略是帮助最贫困人口、实现2030年可持续发展议程宏伟目标的唯一途径。中国已实现数亿人脱贫，中国的经验可以为其他发展中国家提供有益借鉴”。

（二）为全球减贫事业贡献了“中国方案”

坚持党对脱贫攻坚的领导，强化中央统筹、省负总责、市县抓落实的管理体制，强化脱贫攻坚一把手责任制，强化五级书记抓扶贫，为脱贫攻坚提供坚强有力的政治保障。坚持改革开放的基本国策，保持经济持续稳定增长，为中国减贫战略的稳步实施奠定了雄厚的物质基础，为如期全面打赢脱贫攻坚战提供了可能。实施精准扶贫精准脱贫基本方略，努力做到“六个精准”，实施“五个一批”，解决“四个问题”，变“大水漫灌”为“精准滴灌”。突出目标导向和问题导向，与时俱进创新体制机制，不断推进制度创新、政策创新、方式创新，提高扶贫成效，体制机制更加健全。坚持大扶贫格局，实现政府、市场、社会互动，行业扶贫、专项扶贫、社会扶贫联动，形成全社会广泛参与脱贫攻坚格局。坚持激发内生动力，培育自力更生、艰苦奋斗、勤劳致富意识，提高贫困地区和贫困人口自我发展能力。

（三）为全球减贫事业贡献了“中国行动”

截至 2018 年底，中国已累计向 166 个国家和国际组织提供了近 4 000 亿元人民币援助，派遣 60 多万援助人员，其中 700 多名中国援外人员为他国发展献出了宝贵生命。中国先后 7 次宣布无条件免除重债穷国和最不发达国家对华到期政府无息贷款债务，积极向亚洲、非洲、拉丁美洲和加勒比地区、大洋洲的 69 个国家提供医疗援助，先后为 120 多个发展中国家落实千年发展目标提供帮助。在全球范围内，中国正在加快推进“一带一路”建设，让国际减贫合作成果惠及更多的国家、地区和人民，让合作国充分参与到减贫合作项目的管理中，这种新型的国际减贫合作，将有利于增进合作国的民生福祉，促进政策沟通、设施联通、贸易畅通、资金融通和民心相通。

▌第五节▐

贫困地区生产生活条件和发展环境明显改善

党的十八大以来，中央不断加大资金投入力度，着力补齐贫困地区基础设施短板，贫困群众出行难、用电难、饮水难、通信难等长期没有解决的老大难问题普遍解决，住房安全得到有力保障，生产生活条件和发展环境得到明显改善。

一、深入实施交通扶贫全力解决贫困群众出行难问题

党的十八大以来，制定交通扶贫规划，把贫困地区、革命老区、民族地区、边疆地区共 1 177 个县（市、区）全部纳入支持范围，坚持“扶贫项目优先安排、扶贫资金优先保障、扶贫工作优先对接、扶贫措施优先落实”，以超常规的举措和力度，推进贫困地

区加快建设“外通内联、通村畅乡、客车到村、安全便捷”的交通运输网络，大力提升城乡客货运输服务水平，健全农村公路管养体制机制。

二、深入实施水利扶贫全力解决贫困群众饮水难问题

党的十八大以来，从项目、资金、技术、人才等方面给予贫困地区倾斜支持，加快解决贫困人口饮水安全问题，全力补齐贫困地区水利基础设施短板。2012—2019 年，安排贫困地区中央水利建设投资 4 726 亿元，是贫困地区水利投入最大、水利发展最快、群众得实惠最多的时期，为贫困地区打赢脱贫攻坚战提供了重要的水利支撑和保障。

三、深入实施电力扶贫全力解决贫困群众用电难问题

在全面实现“户户通电”的基础上，大力实施村村通动力电工程，实现了大电网覆盖范围内村村通动力电。集中资金、物资、人才、施工力量打歼灭战，截至 2019 年底，“三区三州”5 502 个村、413 万户、1 475 万名群众用电条件显著改善。强化贫困地区电网网架结构，建设大电网外送通道，助力贫困地区清洁能源开发，落实电力援疆、援藏和扶贫交易政策，外送贫困地区电量 5 258 亿千瓦时。保障建设施工用电，提前谋划配网建设，实现配套电网与安

置工程同步建成。实施易地扶贫搬迁配套电网建设，保障搬迁群众的用电需求。

四、深入实施网络扶贫全力解决贫困群众通讯难上网难问题

党的十八大以来，扎实推动网络覆盖、农村电商、网络扶智、信息服务、网络公益五大工程向纵深发展。我国行政村通光纤、行政村通 4G 以及贫困村通宽带比例均已超过 98%，电子商务进农村综合示范已实现对 832 个国家级贫困县全覆盖，100 多家网信企业积极参与网络扶贫行动，为打赢脱贫攻坚战提供了有力支撑。2016 年制定实施《网络扶贫行动计划》，2017—2019 年连续 3 年印发实施年度网络扶贫工作要点，每年召开网络扶贫工作视频会议，强化部门协同，上下联动，推动网络扶贫行动向纵深发展。

五、深入实施农村危房改造全力改善贫困群众居住条件

围绕实现“两不愁三保障”目标任务，聚焦建档立卡贫困户等重点对象，全面推进农村危房改造工作。建立农村危房改造对象联合认定机制，严格执行农村危房改造对象认定程序，严格补助资金拨付程序，强化监督管理，开展绩效评价，对工作积极主动、成效明显的地区予以激励。加大农村危房改造政策宣传，实施关键环节

信息公开，加强社会监督。优化改造方式，通过统建农村集体公租房或幸福大院等方式兜底解决特困群众住房安全问题。加强质量管理，实施质量安全闭环管理，加强技术指导，开展技术培训，强化施工过程监管，推广更加安全、绿色环保的新型建造方式，确保贫困户住房安全得到保障。改善居住环境，同步实施改厨、改厕等，完善房屋功能；同步开展建筑节能改造，减少采暖支出，提高舒适度。带动村容村貌提升，改善村庄人居环境，注重保留传统民居、保护传统村落。

2013—2019 年底，中央财政累计支持农村 1 794 万户、5 700 多万住危房的群众住上了安全住房，其中建档立卡贫困户 733 万户、2 300 多万人，第三方评估显示农户满意度达 97.5%。结合危房改造推进贫困村居住环境改善，不断巩固深化脱贫攻坚成果。

六、深入实施以工代赈全力解决贫困地区基础设施“最后一公里”问题

习近平总书记多次强调，要改进帮扶方式，多采用以工代赈、生产奖补、劳务补助等方式，组织动员贫困群众参与帮扶项目实施。1984 年，为帮助贫困地区改变面貌，国家动用一部分库存粮棉布和中低档工业品，支持国家扶贫开发工作重点县基础设施建设，开启了新中国通过以工代赈开展开发式扶贫的序幕。36 年来，

国家已累计安排以工代赈资金（含实物折资）1 665亿元。

党的十八大特别是脱贫攻坚战打响以来，在加大以工代赈资金投入力度的同时，围绕进一步发挥以工代赈政策作用助力脱贫攻坚，开展了一系列工作。完善政策体系，及时修订《国家以工代赈管理办法》，印发实施《全国“十三五”以工代赈工作方案》和《关于进一步发挥以工代赈政策作用助力打赢脱贫攻坚战的指导意见》，简化以工代赈项目招投标程序，推动以工代赈进一步聚焦贫困地区和贫困人口，从“大水漫灌”向“精准滴灌”转变。加大资金投入，党的十八大以来，每年在中央预算内投资和中央财政专项扶贫资金中安排约60亿元，地方每年安排财政资金约6亿元，专项用于以工代赈，重点投向“三区三州”等深度贫困地区。拓展赈济方式，印发实施《关于在贫困县统筹整合使用财政涉农资金试点工作中大力推广以工代赈方式的通知》，严格劳务报酬发放比例并作为考核评估的重要依据，积极探索以工代赈资产折股量化分红的新模式。

2013—2019年，共投入以工代赈中央资金407.4亿元，支持24个省份和新疆生产建设兵团建设了一大批基本农田、农田水利、乡村道路等农村中小型公益性基础设施。实践证明，以工代赈兼具投资、就业、收入政策功能，在改善农村生产生活条件和发展环境、促进贫困群众就地就业增收、激发贫困群众内生动力、促进农村经济社会发展和区域协调发展等方面发挥了独特作用，实现了扶贫同扶志扶智的有效结合。

七、加大土地政策支持强化贫困地区重大项目用地保障

党的十八大以来，土地政策在改善贫困地区生产生活条件、促进农民脱贫致富方面发挥了积极作用。不断创新和完善土地政策，实施超常规差别化支持措施，构建了用地保障、增减挂钩等扶贫用地政策体系，在土地整治、地质调查等项目资金安排上对贫困地区予以倾斜，全力支持贫困地区如期打赢脱贫攻坚战。

第六节

消费扶贫政策作用得到充分发挥

2018 年以来，各地区、各部门贯彻落实党中央、国务院关于深入开展消费扶贫助力打赢脱贫攻坚战的部署要求，不断加强政策供给，创新工作思路举措，强化工作协同配合，拿出真招实招硬招，推动全国消费扶贫多点发力、全面推进，取得明显成效，为助力高质量打赢脱贫攻坚战注入了强劲动力和活力。

一、政策体系更加健全

2018 年 12 月，国务院办公厅印发实施《关于深入开展消费扶贫助力打赢脱贫攻坚战的指导意见》（以下简称《指导意见》），明确了任务书、时间表、路线图。《指导意见》印发后，30 个中央部门和31个省、自治区、直辖市及新疆生产建设兵团及时制定贯彻《指导意见》实施方案或通知，并围绕打通消费扶贫在消费、流通、生产各环节的制约“瓶颈”，配套出台运用政府采购手段支持消费扶贫、促进农产品质量提升、拓宽贫困地区农产品营销渠道、加快电子商务产业发展、优化供给推动消费平稳增长等近100个配套文件，推动在中央和地方层面全面建起支持消费扶贫的“1+N”政策体系。

二、贫困地区农产品消费规模持续扩大

各地区、各部门将消费扶贫纳入年度脱贫攻坚工作计划，一体研究、一体谋划、一体落实。充分发挥东西部扶贫协作、对口支援、中央和国家机关定点扶贫等机制作用，用好用活政策采购支持消费扶贫政策，大力开展“万企帮万村”精准扶贫行动，举办形式多样的产销对接活动，持续推进消费扶贫进机关、进高校、进医院、进社区、进超市、进部队等活动，带动贫困地区更多农产品走出大山村、进入大市场。2019年，东部沿海地区直接采购和帮助销售贫困地区农产品483亿元，中央和国家机关、中央企业直接采购和帮助销售定点扶贫县农产品154亿元，组织、引导和带动其他各类国有企事业单位、民营企业和社会组织直接采购和帮助销售贫困地区农产品超过1 000亿元。

三、贫困地区产品和服务供给质量明显提升

积极指导和支持贫困地区一二三产业融合发展，不断加大科技投入支持力度，积极推动绿色食品、有机产品、地理标志产品示范创建和标准化认证，大力推进贫困地区电子商务进农村综合示范、“快递下乡”、物流配送体系建设、文化旅游提升、乡村旅游公路建设和农村人居环境整治等工程，贫困地区农产品质量更优，农产品销售渠道更畅，旅游接待能力持续增强。截至 2019 年底，全国支持贫困地区发展绿色有机食品企业 1 719 个、产品 4 080 个，农产品地理标志产品 67 个，绿色食品原料标准化生产基地 16 个、有机农产品基地 13 个，实施科技攻关项目 300 余个，建设国、省农业科技园区 240 余个、星创天地 1 000 家以上，贫困地区县级电商服务中心、物流配送中心、仓储物流设施、乡村电商服务站点、乡镇快递网点等进一步健全。

四、全社会参与消费扶贫的氛围逐步形成

发出了《动员全社会力量共同参与消费扶贫的倡议》，举办全国消费扶贫论坛，向社会推介了一大批消费扶贫典型案例，全社会共同参与消费扶贫的积极性得到进一步激发，消费扶贫“人人皆可为、人人皆愿为、人人皆能为”逐步成为新时尚。

五、贫困地区农产品滞销问题有效解决

国家发展改革委牵头制定《消费扶贫助力决战决胜脱贫攻坚2020年行动方案》，联合27个部门和单位开展30项具体行动，持续释放消费扶贫政策红利。聚焦疫情对湖北省农产品销售带来的不利影响和52个未摘帽县特色农产品销售问题，连续两次专门印发通知，主动协调20余个中央部门和单位，通过定向采购、“以买代捐”“以买代帮”等方式，不断扩大对湖北省小龙虾、春茶、香菇、橄榄油、葛根粉等滞销农产品和52个未摘帽县的60余种特色农产品消费规模。同时，通过举办公益直播带货活动，累计推介湖北滞销农产品和贫困地区特色农产品共100余种，吸引当日在线参与直播活动人数超过760万人，当日成交量超过2.2万件。据统计，自2020年4月中旬推介湖北省第一批滞销农产品以来，仅用一个月时间，中央各部门、各单位就直接购买湖北省滞销农产品近10亿元，帮助销售超过100亿元，有效缓解了湖北省农产品滞销问题。

第七节

政府、市场、社会协同推进的大扶贫格局初步形成

习近平总书记指出，坚持社会动员、凝聚各方力量，必须坚持充分发挥政府和社会两方面力量作用，形成全社会广泛参与脱贫攻坚格局。[1] 党的十八大以来，东西部扶贫协作和对口支援、中央单位定点扶贫，军队、民营企业以及社会组织、个人积极参与脱贫攻坚，作出了积极努力，取得了显著成效。

---

[1]《习近平在打好精准脱贫攻坚战座谈会上强调 提高脱贫质量聚焦深贫地区 扎扎实实把脱贫攻坚战推向前进》，《人民日报》2018 年 2 月 15 日。

一、东西部扶贫协作深入推进

2016年7月20日，习近平总书记在宁夏银川主持召开东西部扶贫协作座谈会并发表重要讲话，对进一步提高东西部扶贫协作水平提出明确要求。2016年12月7日，中共中央办公厅、国务院办公厅印发实施《关于进一步加强东西部扶贫协作工作的指导意见》，为做好东西部扶贫协作提供了制度保障。

各地区、各部门认真贯彻习近平总书记重要指示精神，按照指导意见要求，不断完善扶贫协作机制，加大资金支持力度，狠抓政策举措落实，形成了上下联动、东西携手、共奔小康的生动局面。强化资金支持，截至2019年底，东部9省（市）向贫困协作地区投入财政援助资金494.6亿元，投入社会帮扶资金152.8亿元。加强人才交流，扶贫协作双方累计互派党政挂职干部超过1万人，互派教师、医生等专业技术人才8.4万人。开展产业合作，超过2万家东部企业赴扶贫协作地区投资，实际到位投资额达7 234亿元。积极开展产销对接，大力推进消费扶贫，截至2019年底，东部地区采购、销售结对地区特色农产品483亿元。组织劳务协作，扶贫协作双方累计帮助955.8万贫困人口实现转移就业。开展携手奔小康行动，东部地区组织343个经济较发达县（市、区）结对帮扶573个贫困县，实现对帮扶协作地区贫困县结对帮扶全覆盖。组织2 696个镇街结对帮扶中西部3 120个贫困乡镇，4 669个村（社区）、8 903家企业、1 358个社会组织结对帮扶中西部 18 144 个贫困村，6 172 所学校、2 410 家医院结对帮扶中西部 7 824 所学校、3 293 家医院。

» 专栏 3-1

东西部扶贫协作结对关系

北京市帮扶内蒙古自治区、河北省张家口市和保定市；天津市帮扶甘肃省、河北省承德市；辽宁省大连市帮扶贵州省六盘水市；上海市帮扶云南省、贵州省遵义市；江苏省帮扶陕西省、青海省西宁市和海东市，苏州市帮扶贵州省铜仁市；浙江省帮扶四川省，杭州市帮扶湖北省恩施土家族苗族自治州、贵州省黔东南苗族侗族自治州，宁波市帮扶吉林省延边朝鲜族自治州、贵州省黔西南布依族苗族自治州；福建省帮扶宁夏回族自治区，福州市帮扶甘肃省定西市，厦门市帮扶甘肃省临夏回族自治州；山东省帮扶重庆市，济南市帮扶湖南省湘西土家族苗族自治州，青岛市帮扶贵州省安顺市、甘肃省陇南市；广东省帮扶广西壮族自治区、四川省甘孜藏族自治州，广州市帮扶贵州省黔南布依族苗族自治州和毕节市，佛山市帮扶四川省凉山彝族自治州，中山市和东莞市帮扶云南省昭通市，珠海市帮扶云南省怒江傈僳族自治州。

二、中央单位定点扶贫全面实施

党的十八大以来，中央单位始终坚持发挥优势，立足贫困地区实际，创新帮扶举措，取得显著成效，有力助推了脱贫攻坚。据统计，脱贫攻坚战打响以来，中央单位累计投入帮扶资金 251 亿元，帮助引进各类资金 185 亿元，培训基层干部和各类技术人才 172 万人次，积极购买和帮助销售贫困地区农产品。

三、民营企业和社会组织广泛参与精准扶贫

2015 年 10 月，启动实施“万企帮万村”精准扶贫行动，组织动员民营企业通过产业扶贫、就业扶贫、公益扶贫等方式，对贫困村、贫困户进行精准帮扶。截至 2019 年底，进入“万企帮万村”精准扶贫行动台账管理的民营企业有 9.99 万家，精准帮扶 11.66 万个村（其中建档立卡贫困村 6.56 万个）。产业投入 819.57 亿元，公益投入 149.22 亿元。安置就业 73.66 万人，技能培训 111.33 万人，共惠及 1 434.42 万建档立卡贫困人口。

广大社会组织积极响应党中央、国务院号召，广泛参与脱贫攻坚。2301 家全国性社会组织均不同程度参与了扶贫工作，正式立项开展脱贫攻坚的全国性社会组织共有 686 家，占比 29.8%。连续三年部署开展脱贫攻坚志愿服务宣传展示活动，积极引导动员社会力量广泛参与，营造了社会力量参与精准扶贫的良好氛围。

第八节

革命老区振兴发展基础不断夯实

党的十八大以来，国家出台了一系列支持革命老区振兴发展的政策举措，赣闽粤、陕甘宁、大别山、左右江、川陕等重点革命老区经济社会发展取得重大进展，生态环境持续改善，基础设施不断完善，特色产业加快发展，红色文化得到弘扬和保护。

一、支持革命老区振兴发展的政策体系不断健全

党的十八大以来，国家出台了若干支持革命老区脱贫攻坚和振兴发展的规划和政策。2015 年，制定印发《关于加大脱贫攻坚力度支持革命老区开发建设的指导意见》，先后印发实施赣闽粤、陕甘宁、大别山、左右江、川陕 5 个跨省区重点革命老区振兴发展规

划，明确了“十三五”时期老区振兴发展的指导思想、战略定位、发展目标、空间布局、主要任务、支持政策及保障措施等。制定印发《革命老区脱贫攻坚和振兴发展2020年工作要点》，明确了一批重大政策和106项重大工程。这些重大规划政策的实施有力促进了革命老区脱贫攻坚和振兴发展步伐，中央和地方上下联动，积极落实重大任务、重点项目，革命老区脱贫攻坚和振兴发展取得重要阶段性进展。

» 专栏 3-2

国务院批复的重点革命老区规划概要

一、赣南等原中央苏区

赣南等原中央苏区是土地革命战争时期中国共产党创建的最大最重要的革命根据地，是人民共和国的摇篮和苏区精神的主要发源地，为中国革命作出了重大贡献和巨大牺牲。规划以原中央苏区为核心，统筹考虑有紧密联系的周边县（市、区）发展，范围包括：江西省赣州市、吉安市、新余市全境及抚州市、上饶市、宜春市、萍乡市、鹰潭市的部分地区，福建省龙岩市、三明市、南平市全境及漳州市、泉州市的部分地区，广东省梅州市全境及河源市、潮州市、韶关市的部分地区，规划总面积21.8万平方公里。

二、陕甘宁革命老区

陕甘宁革命老区的前身是中国共产党在土地革命战争时期创建的红色革命根据地，既是党中央和中国工农红军长征的落脚点，又是八路军奔赴抗日前线的出发点。这里曾是老一辈无产阶级革命家战斗和生活的地方，是爱国主义、革命传统和延安精神教育基地，为中华民族解放和新中国的建立作出了巨大牺牲和不可磨灭的贡献。规划范围包括：陕西省延安、榆林、铜川，甘肃省庆阳、平凉，宁夏回族自治区吴忠、固原、中卫8个地级市，以及陕西省富平、旬邑、淳化、长武、彬县、三原、泾阳，甘肃省会宁，宁夏回族自治区灵武等9个县（市、区），总面积19.2万平方公里。

三、大别山革命老区

大别山革命老区地跨湖北、河南、安徽三省，是土地革命战争时期全国第二大革命根据地鄂豫皖革命根据地的中心区域，为中国革命作出了重要贡献。规划范围包括：安徽省六安市、安庆市全境；河南省信阳市、驻马店市全境，南阳市的桐柏县、唐河县；湖北省黄冈市、随州市全境，孝感市的孝南区、安陆市、应城市、大悟县、孝昌县、云梦县，襄阳市的枣阳市，武汉市的黄陂区、新洲区，规划区域总面积 10.86 万平方公里。

四、左右江革命老区

左右江革命老区是中国共产党在土地革命时期最早创建的革命根据地之一，邓小平同志在此亲自领导了著名的百色起义。规划范围包括：广西壮族自治区的百色市、河池市、崇左市全境以及南宁市部分地区；贵州省黔西南布依族苗族自治州全境，黔东南苗族侗族自治州、黔南布依族苗族自治州部分地区；云南省文山壮族苗族自治州全境，规划总面积 17 万平方公里。

五、川陕革命老区

川陕革命老区是中国共产党领导的红四方面军在川陕边界建立的革命根据地，是土地革命战争时期第二大苏区，为中国革命胜利作出了重要贡献和巨大牺牲。规划范围包括巴中市等 68 个县（市、区），总面积 15.7 万平方公里。

二、脱贫攻坚和经济社会发展取得重大进展

（一）脱贫攻坚取得瞩目成就

截至2019年底，全国397个贫困老区县已脱贫摘帽381个，老区生产生活条件明显改善，经济社会发展水平明显提升。赣闽粤原中央苏区2018年生产总值22 262亿元，比2012年增长70.17%。2012—2018年，广东省13个原中央苏区县（市、区）地区生产总值年均增长7.66%。2019年，河南省、湖北省大别山革命老区县（市、区）地区生产总值分别实现6 039亿元、8 483亿元，四川省、陕西省川陕革命老区县（市、区）地区生产总值分别实现8 916亿元、3 678亿元。广西左右江革命老区地区生产总值由2015年的2 389亿元增长到2018年3 385亿元。

（二）重大基础设施项目建设加快推进

南昌至赣州、郑州至阜阳、银川至中卫等铁路建成通车，云桂铁路、南昆铁路南宁至百色段增建二线全线建成，郑渝高铁郑襄段、向莆铁路、赣韶铁路、赣龙铁路扩能改造工程建成运营，赣州至深圳、西安至十堰等铁路开工建设。广昌至吉安、绥德至延川高速公路、兴国至赣县、周口至南阳等一批高速公路建成通车。许昌

至信阳、上蔡至罗山高速公路加快开工建设。巴中机场、井冈山机场建成通航。陕甘宁革命老区国家能源综合基地初步形成，成为“西电东送”的重要基地之一。安徽金寨、陕西镇安抽水蓄能电站有序推进，一批重点电网工程和煤矿项目核准建设。左右江革命老区新增内河千吨级泊位 12 个，驮英水库及灌区、百色水库灌区均已开工建设。支持革命老区实施 21 个大型灌区续建配套与节水改造项目，支持赣江万安枢纽二线船闸、河南大别山革命老区引淮供水灌溉、四川江家口水库、鄂北水资源配置等重大水利工程建设。

（三）基本公共服务水平不断提升

支持包括革命老区在内的农村贫困地区扩大普惠性学前教育资源，开展义务教育薄弱环节改善与能力提升、教育现代化推进工程，支持改善乡村小规模学校和乡镇寄宿制学校办学条件。安排中央转移支付资金，支持 5 个重点革命老区所在省份卫生健康项目。截至 2019 年底，赣州市改造校舍危房面积 1 207.54 万平方米，建成公办幼儿园 2 938 所。广东省梅州市义务教育阶段公办学校标准化学校覆盖率达 100%。福建省龙岩市在全国首创“互联网 + 分级诊疗”模式，将市县乡三级医疗机构链接起来，逐步实现“小病不出乡、大病不出县”的分级诊疗目标。河南信阳市县级及以下医疗机构普遍实行“先诊疗后付费”和“一站式”结算，2019 年，贫困人口平均报销比达 94.49%，农村贫困人口慢性病人口签约率达 100%。

（四）特色产业发展取得阶段性成果

深入实施“藏粮于地、藏粮于技”战略，大力发展特色农业。截至 2018 年底，赣闽粤原中央苏区粮食播种面积 2 373.53 万亩，粮食总产量 1 143.21 万吨。建成脐橙标准化果园 91.6 万亩，种植井冈蜜柚 38.5 万亩，新造高产油茶林面积 115 万亩，建成规模蔬菜基地 1 050 个。高效种养业和绿色食品业加快发展，大别山革命老区形成了夏南牛、豫南黑猪等畜产品基地，打造了信阳毛尖、正阳花生、泌阳花菇等知名品牌。中国南方稀土集团成功组建，稀土新材料及应用产业发展成效显著。“南康家具”品牌价值居全国家具行业第一，赣州成为国内三大家具基地之一。龙岩市先后获评国家新型工业化产业示范基地、国家应急产业示范基地、中国专用汽车名城。延安市能源产业发展势头良好，2019 年，能源产业占工业增加值的 57.2%，对 GDP 的贡献率 29.9%，对地方财政收入的贡献率 60.3%。百色生态型铝产业基地建设加快推进，2019 年铝产业总产值达 643.5 亿元，同比增长 18.1%。

>> 专栏 3-3

革命老区振兴发展——赣南实践

2012年，国务院印发了《关于支持赣南等原中央苏区振兴发展的若干意见》(以下简称《若干意见》)，从国家层面系统规划了赣南等原中央苏区振兴发展的目标任务、战略定位、主要举措和扶持政策。在国家的支持下，江西省赣州市牢记习近平总书记的殷殷嘱托，把苏区振兴作为重大政治责任和历史机遇，全力以赴抓好政策落实，赣南革命老区发展迸发出蓬勃活力。

按照“输血”和“造血”相结合、重在“造血”作为基本原则，重点抓了六个方面的工作。

第一，把解决突出民生问题作为振兴发展的首要任务，加快改善群众生产生活条件。以改造农村危旧土坯房为突破口，启动“农村危旧土坯房改造三年计划”，在全市范围内实施大规模的农村危旧土坯房改造。同时，启动实施农村饮水安全、农村电网改造和农村道路新建改造工程，全面提高“两红”人员等特殊困难群体生活保障水平。把解决红军和革命烈士后代生活困窘问题摆在突出位置，优先解决在乡退伍红军老战士、红军失散人员及革命烈士的遗孀、低保户、“两红”人员及革命烈士的子女等特殊群体的困难。

第二，把打好精准脱贫攻坚战作为振兴发展的主题主线，探索革命老区脱贫攻坚新路。坚持以脱贫攻坚统揽经济社会发展全局，聚焦“两不愁三保障”，集中资源，尽锐出战，推动脱贫攻坚取得重大成效，赣州市贫困发生率由 2011 年的 26.71% 下降到 2019 年的 0.37%。

第三，把培育壮大特色优势产业作为振兴发展的内生动力，着力增强自我发展能力。把振兴发展的重心逐步转到增强发展内生动力上来，大力推进产业转型升级，提升自我造血功能。经过努力，稀土和钨、家具产业集群主营业务收入均突破千亿元，成功组建运营中国南方稀土集团，新能源汽车及应用、电子信息、生物制药等产业加速发展壮大，工业“一矿独大”的格局得到改变，产业转型升级迈出坚实步伐。

第四，把加快基础设施建设作为振兴发展的先导工程，增强振兴发展的支撑能力。按照合理布局、适度超前的原则，制定实施八年振兴项目投资计划，加快实施一批交通、能源、水利等重大项目。经过努力，赣州交通相对落后的状况得到很大改观，“一纵一横”十字型高铁和“两纵两横”普铁网加快构建，“三纵三横六联”高速公路网初步形成，能源保障能力得到加强，水利设施日益完善，振兴发展支撑能力得到明显增强。

第五，把加强生态建设和环境保护作为振兴发展的根本前提，筑牢我国南方重要的生态屏障。牢固树立绿色发展理念，正确处理经济发展与生态保护的关系，率先实施国家山水林田湖草生态保护修复试点，对赣南生态环境进行系统性修复，治理水土流失近650万亩。通过努力，赣州受生态环境约束的状况得到明显缓解，生态环境质量稳居全国前列。

第六，把深化改革开放作为振兴发展的关键突破，全面激发振兴发展活力。赣州充分利用《若干意见》赋予的先行先试权，积极争取改革创新事项先行先试，致力打造成为国家部委改革创新的试验田、先行区。一批试点示范建设在全省、全国形成了可复制可推广的“赣州经验”。赣州国际陆港获批全国内陆第8个临时对外开放口岸、内陆首个国检监管试验区以及肉类、汽车整车进口口岸，成为全国功能最齐全的内陆口岸之一，开行中欧（亚）班列，开通运营至盐田港、厦门港、广州港“同港同价”双向班列。通过努力，赣州在内陆开放新格局中形成新优势，正加速融入“一带一路”建设。

三、红色文化得到有力保护和传承

（一）红色遗址遗迹保护加快推进

长征国家文化公园启动建设，红军长征湘江战役纪念设施落成开放。赣州市加快建设红色文化传承创新区，基本完成革命遗址保护修缮任务，341个革命旧居旧址开辟为红色旅游景点。湖北大别山革命老区666处革命遗址纳入全国《革命文物保护利用片区分县名单》，完成了李先念故居等一批重要遗址遗迹修缮。

（二）红色文化进一步弘扬

创作了《伟大的转折》《古田军号》《绝命后卫师》《可爱的中国》《绝境铸剑》等一批革命题材影视作品。指导山东创排民族歌剧《沂蒙山》，并将其纳入2019年中国民族歌剧传承发展工程。创作或再版了《毛泽东选集》《走进古田会议》《闽西红色故事100篇》等一系列红色文化书籍，《吃水不忘挖井人》等作品写入了中小学教材。

（三）红色文化旅游产业加快发展

赣州市瑞金共和国摇篮景区、延安市宝塔区延安革命纪念地景区、百色市右江区百色起义纪念园景区、山东沂蒙山旅游区等一批红色景区获批国家 5A 级景区。2018 年，左右江革命老区接待旅游总人数 12 147.13 万人次，较 2015 年增长 97.7%；旅游总收入 1 288.24 亿元，较 2015 年增长 137.20%。大别山革命老区形成了新县鄂豫皖苏区首府革命博物馆等一批红色旅游教育示范基地。

四、生态建设和环境保护积极推进

（一）森林覆盖率持续提升

推进革命老区退耕还林还草和石漠化综合治理，将革命老区 48 个县纳入石漠化综合治理重点县投资范围。2012—2018 年，赣州市累计完成造林面积 757.6 万亩、封山育林面积 402 万亩。2019 年，湖北大别山革命老区林木蓄积量 8 009.87 万立方米，比 2014 年增长了 27.63%。

（二）生态保护和修复取得重大进展

支持革命老区所在省份开展长江经济带生态保护修复奖励、流域上下游横向生态补偿奖励和重点流域水污染防治、集中式饮用水水源地保护等工作。抚河流域生态保护及综合治理工程一期基本完工，吉安百里赣江生态保护与综合治理工程加快推进。陕甘宁革命老区黄土高原的治理取得历史性进展，水土流失明显减少，绿化水平不断提高，森林覆盖率大大提高。

（三）绿色循环发展持续推进

赣闽粤原中央苏区2018年万元GDP用水量144.03立方米，比2012年减少47.73%，单位GDP能源消耗0.43吨标准煤，比2012年降低43.42%，化学需氧量（COD）排放量42.70万吨，比2012年降低29.14%。2019年，湖北大别山革命老区县城以上城镇生活垃圾无害化日处理量达5 393.14吨，处理能力比2014年提高了51.78%。

第九节

民族地区经济社会实现较快发展

党的十八大以来，各地区各部门认真贯彻落实党中央、国务院决策部署，支持民族地区全力打赢脱贫攻坚战，保障和改善民生，补齐发展短板，提升各族人民福祉，增进民族团结进步，促进各民族交往交流交融，推动民族地区与全国人民一道迈入全面小康社会。

一、民族地区自我发展能力不断提高

（一）经济增速持续高于全国，综合经济实力大幅提升

近年来，我国民族地区经济取得了长足发展，综合经济实力

大幅提升。2001—2018年，民族地区的地区生产总值年均增长11.4%，一直高于全国平均水平；地区生产总值从8 179亿元增加到77 722亿元，占全国的比重从7.4%提升到8.5%，提高了1.1个百分点（见图3-6）。[1]

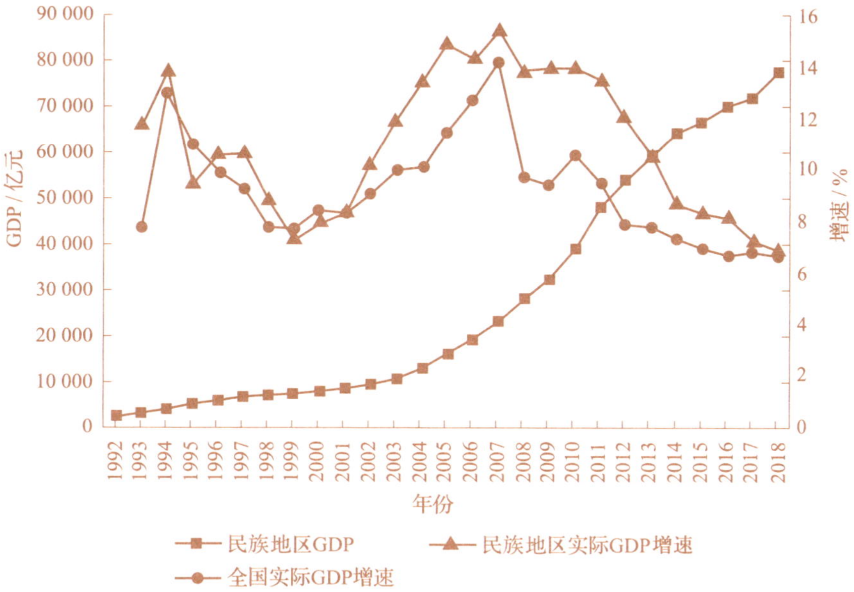

图3-6 1992—2018年民族地区GDP及其增长与全国的比较

资料来源：根据《中国民族统计年鉴》《中国统计年鉴》整理绘制。

民族地区第一产业比重持续降低，第二产业比重先升后降，第三产业比重持续上升，产业结构不断优化。1992年以前，第一产业增加值占GDP的比重最高。1993—1997年，第二产业比重取代

[1] 由于数据可得性，本章主要使用民族地区的统计数据进行分析。

第一产业成为主导产业。1998—2015年，第三产业比重反超第一产业，产业结构演变为“二三一”型式。2016年以来，第三产业比重反超第二产业，产业结构演变为“三二一”型式，整体跨进服务经济新时代（见图3–7）。

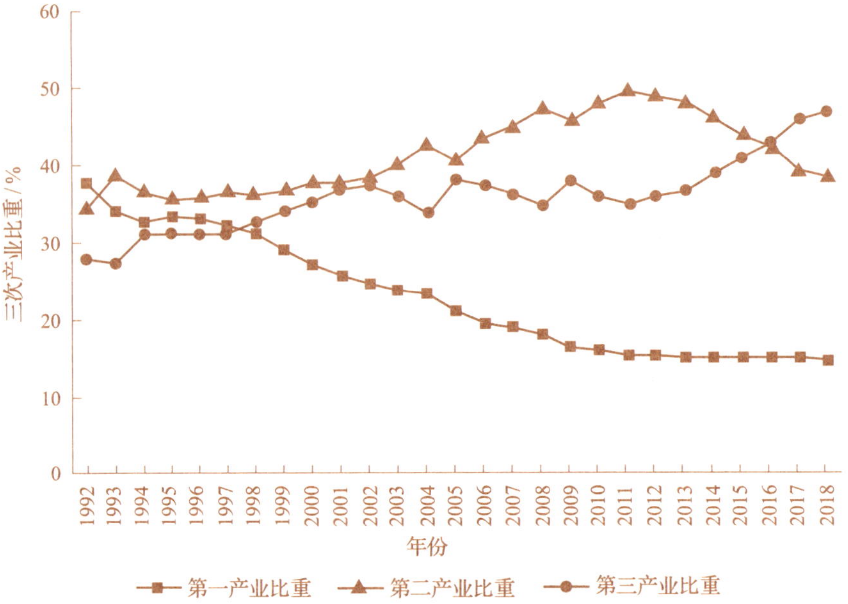

图3–7　1992—2018年民族地区三次产业结构变动情况

资料来源：根据《中国民族统计年鉴》整理绘制。

（二）固定资产投资持续增长，民间资本逐步成为投资主力军

党的十八大以来，针对民族地区保障和改善民生，以及交通、水利、能源等重大基础设施，国家不断加大投资支持力

度，民族地区全社会固定资产投资持续增长，民间社会资本也源源不断地进入民族地区参与经济社会建设。2012 年以来，国有经济占全社会固定资产投资比重略有回升，当前稳定在 40% 左右。民间社会资本投资所占比重从 2004 年开始超过 50%，当前稳定在 60% 左右，已经成为民族地区固定资产投资的主力军。

二、民族地区几代人的梦想逐渐成为现实

（一）绝对贫困问题基本得到解决

2012—2018 年，民族地区城镇居民人均可支配收入从 20 022 元提高到 32 739 元、增长 63.5%，由相当于全国平均水平的 81.5% 提高到 83.4%；城镇居民人均消费支出从 14 227 元提高到 21 353 元，增长 50.1%，城镇居民恩格尔系数（食品消费占总消费的比重）从 36.5% 下降到 28.6%，下降了 7.9 个百分点。同期，农村居民人均可支配收入（见表 3–1 注）从 5 800 元提高到 11 523 元、增长 98.7%，由相当于全国平均水平的 73.3% 提高到 78.8%，提高了 5.5 个百分点；农村居民人均消费支出从 4 781 元提高到 9 674 元、增长 102.3%，农村居民恩格尔系数从 41.0% 下降到 30.7%，下降了 10.3 个百分点（见表 3–1）。

表 3–1　2012 年和 2018 年民族地区城乡居民人均收入与消费状况　单位：元

省（区、市）	城镇居民人均可支配收入		城镇居民人均消费支出		农村居民人均可支配收入		农村居民人均消费支出	
	2012 年	2018 年	2012 年	2018 年	2012 年	2018 年	2012 年	2018 年
河北	18 904	30 506	11 439	18 445	5 160	10 543	5 306	8 725
内蒙古	23 150	38 305	17 717	24 337	7 611	13 803	6 382	12 661
辽宁	12 768	25 658	8 072	19 671	9 542	14 437	6 251	9 264
吉林	21 439	26 108	17 266	17 105	8 595	11 940	5 826	9 243
黑龙江	13 292	23 876	8 744	11 334	8 735	14 215	5 747	10 334
浙江	22 862	36 778	14 278	24 700	8 384	18 170	5 854	14 066
湖北	14 952	28 848	10 847	20 788	4 588	10 516	4 029	8 915
湖南	14 615	24 284	10 366	17 052	4 115	9 135	3 270	9 504
广东	14 689	24 773	9 823	15 894	6 579	13 600	5 928	11 482
广西	21 243	32 436	14 244	20 159	6 008	12 435	4 934	10 617
海南	17 873	29 975	11 520	22 432	6 432	12 815	4 114	9 928
重庆	17 637	29 742	11 646	18 230	5 839	11 050	4 774	9 462
四川	19 766	31 026	13 610	20 234	5 911	12 386	6 693	9 469
贵州	18 414	29 806	11 671	18 816	4 710	9 625	3 761	9 076
云南	18 716	32 408	12 799	20 984	4 961	10 615	4 009	8 321
西藏	18 028	33 797	11 184	23 029	5 719	11 450	2 968	7 452
甘肃	12 967	25 503	8 919	16 090	1 596	7 166	1 159	5 884
青海	18 374	30 379	13 796	18 938	6 519	10 276	5 866	10 163
宁夏	19 831	31 895	14 067	21 977	6 180	11 708	5 351	10 790
新疆	17 921	32 764	13 892	24 191	6 394	11 975	5 301	9 421
合计	20 022	32 739	14 227	21 353	5 800	11 523	4 781	9 674

资料来源：根据《中国民族统计年鉴》《中国统计年鉴》整理。

注：农村居民人均可支配收入指标中2012年数据为农村居民人均纯收入。

党的十八大以来，国家加大了对民族地区脱贫攻坚的支持力度，取得世界瞩目的巨大成绩。到2020年底，民族地区的所有贫困县将全部摘帽，各族人民将与全国一道实现全面建成小康社会，千百年来困扰各族人民的绝对贫困问题基本得到解决。

（二）各族群众出行条件明显改善

2012—2018年，民族地区铁路营业里程从2.37万公里增加到3.18万公里，增长34.2%，公路通车里程从102万公里增加到126万公里，增长23.5%。城市内部交通条件不断改善。2012年至2018年，城市道路长度从2.66万公里增加到4.03万公里，增长51.5%，城市道路面积从5.15亿平方米增加到7.96亿平方米，增长54.6%（见表3–2）。农村出行难问题也逐步得到了有效解决，几代人“出门水泥路，抬脚上客车”的梦想终于变成了现实。

表3–2 2012年和2018年民族地区交通基础设施情况 单位：公里

省（区、市）	等级公路		城市道路长度		国有铁路营业里程		内河航道里程	
	2012年	2018年	2012年	2018年	2012年	2018年	2012年	2018年
河北	6 684	5 436	—	—	83	77	—	—
内蒙古	151 064	195 636	7 299	9 894	9 474	12 800	7 299	2 403
辽宁	12 160	14 289	—	—	233	306	—	—
吉林	12 774	15 351	878	943	650	—	878	—

续表

省（区、市）	等级公路		城市道路长度		国有铁路营业里程		内河航道里程	
	2012年	2018年	2012年	2018年	2012年	2018年	2012年	2018年
黑龙江	148	120	—	—	50	60	—	146
浙江	1 785	1 904	—	—	—	—	—	105
湖北	22 498	27 238	282	328	221	247	282	729
湖南	5 035	20 565	193	457	497	462	193	1 285
广东	2 125	1 541	—	—	—	—	—	—
广西	91 583	115 702	7 021	10 441	3 195	5 202	7 021	5 873
海南	4 260	6 621	—	—	43	104	—	29
重庆	9 714	19 393	—	—	178	241	—	200
四川	54 570	75 880	190	410	407	398	190	911
贵州	33 567	65 138	570	1 056	775	1 835	570	3 743
云南	95 734	130 366	1 684	2 384	51	1 697	1 684	2 214
西藏	41 776	85 473	396	781	532	785	396	—
甘肃	9 078	17 555	128	171	—	180	128	353
青海	20 568	23 098	303	384	1 252	—	303	41
宁夏	26 009	35 355	1 948	2 404	1 290	1 400	1 948	130
新疆	118 861	154 546	5 731	10 611	4 750	5 959	5 731	—
合计	719 993	1 011 207	26 623	40 264	23 681	31 753	26 623	18 162

资料来源：根据《中国民族统计年鉴》整理。

注：表格中无数据处表示暂无统计数据或数量太小未达到统计标准。

（三）医疗教育“补短板”成效明显

2012—2018 年，医疗设施水平大幅改善，卫生机构从 4.67 万个增加到 5.45 万个，增长 16.7%；每千人床位数从 3.74 张增加到 5.53 张，增长 47.9%；每千人卫生技术人员数从 4.10 人增加到 5.95 人，增长 45.1%。高等教育事业蓬勃发展，高等学校从 210 所增加到 241 所，增长 14.8%；中小学等基础教育均衡化发展水平提升，普通中学的学生教师比从 14.7∶1 下降到 13.7∶1，普通小学学生教师比基本保持在 16.5∶1 左右（见表 3–3）。

表 3–3 2000—2018 年民族地区医疗教育发展情况

年份	卫生机构数 / 个	每千人床位数 / 张	每千人卫生技术人员数 / 人	高等学校 / 所	普通中学学生教师比	小学学生教师比
2012	46 664	3.74	4.10	210	14.7∶1	16.6∶1
2013	50 127	4.06	4.44	212	14.6∶1	16.8∶1
2014	51 892	4.40	4.77	221	13.8∶1	19.0∶1
2015	52 646	4.68	5.10	228	12.3∶1	16.6∶1
2016	52 578	4.88	5.37	237	13.7∶1	16.5∶1
2017	53 334	5.22	5.67	236	13.5∶1	16.9∶1
2018	54 513	5.53	5.95	241	13.7∶1	16.6∶1

资料来源：根据《中国民族统计年鉴》整理。

三、民族地区“绿水青山就是金山银山”实践持续深化

（一）绿水青山得到有效保护

截至2018年底，全国有676个县级行政区被列入国家重点生态功能区，其中，民族地区占340个，其数量和面积分别占全国的50.3%、79.4%。2018年，民族地区共有国家重点自然保护区126个，占全国的27.2%；保护区面积约8 152万公顷，占全国重点自然保护区总面积的55.3%，占全国总面积的比重达8.5%。民族地区也是我国旅游资源富集区域，拥有国家5A级旅游区52个，国家级风景名胜区50个（见表3–4）。随着生态保护补偿机制不断完善、力度不断加大，各族人民从保护生态环境中受益越来越多。

表3–4　2018年民族地区自然保护区、5A级旅游区和风景名胜区状况

省（区、市）	国家重点自然保护区/个	国家重点自然保护区面积/千公顷	国家5A级旅游区/个	国家级风景名胜区/个
河北	3	77.97	—	—
内蒙古	23	3 924.90	4	2
辽宁	3	33.69	1	2
吉林	7	508.18	2	2
黑龙江	—	—	—	—
浙江	—	—	—	—
湖北	5	197.01	3	—
湖南	1	24.80	—	4

续表

省（区、市）	国家重点自然保护区/个	国家重点自然保护区面积/千公顷	国家5A级旅游区/个	国家级风景名胜区/个
广东	—	—	—	—
广西	15	286.20	5	3
海南	4	81.97	2	—
重庆	—	—	2	—
四川	11	1 730.60	5	4
贵州	5	152.31	2	11
云南	12	951.48	5	9
西藏	9	37 153.10	4	4
甘肃	5	2 015.12	—	—
青海	5	20 252.50	1	1
宁夏	6	439.21	4	2
新疆	12	13 688.22	12	6
合计	126	81 517.26	52	50

资料来源：根据《中国民族统计年鉴》整理。

注：表格中无数据处表示暂无统计数据或数量太小未达到统计标准。

（二）城市环境卫生水平得到提升

2012—2018年，民族地区的城市生活垃圾处理率从95.99%提高到99.49%，城市生活垃圾无害化处理率从84.67%提高到98.96%，其中，内蒙古、湖北、湖南、广西、云南、甘肃、宁夏等地的民族地区的城市生活垃圾无害化处理率已达到99%以上。2012—2018年，民族地区的城市公厕数量从11 169座增加到15 343座，提高了37.4%（见表3-5）。民族地区城市绿化也得到了较快发展。2018 年，人均公园绿地面积 14.15 平方米，建成区绿化覆盖率 41.4%，均高于全国平均水平，城市环境更加宜居。

表 3-5 2012 年和 2018 年部分民族地区城市垃圾处理及公厕状况

省（区、市）	2012 年			2018 年		
	城市生活垃圾处理率 /%	城市生活垃圾无害化处理率 /%	城市公厕数 / 座	城市生活垃圾处理率 /%	城市生活垃圾无害化处理率 /%	城市公厕数 / 座
河北	—	—	—	—	—	—
内蒙古	96.13	91.22	4 459	99.79	99.79	7 612
辽宁	—	—	—	—	—	—
吉林	96.15	27.42	595	99.73	66.67	313
黑龙江	—	—	—	—	—	—
浙江	—	—	—	—	—	—
湖北	96.88	96.88	134	100.00	100.00	141
湖南	100.00	100.00	65	100.00	100.00	84
广东	—	—	—	—	—	—
广西	98.00	98.00	2 159	100.00	100.00	1 645
海南	—	—	—	—	—	—
重庆	—	—	—	—	—	—
四川	100.00	100.00	131	99.54	66.67	267
贵州	99.60	84.56	130	94.20	94.20	228
云南	98.63	98.63	567	100.00	100.00	1 332
西藏	96.88	—	43	95.97	95.97	436
甘肃	94.75	94.75	37	100.00	100.00	89
青海	97.65	75.29	103	97.81	96.50	118
宁夏	92.49	70.64	604	99.30	99.30	786
新疆	93.98	79.16	2 142	97.85	91.45	2 292
合计	95.99	84.67	11 169	99.49	98.96	15 343

资料来源：根据《中国民族统计年鉴》整理。

注：表格中无数据处表示暂无统计数据或数量太小未达到统计标准。

四、各民族共有精神家园建设成效显著

（一）文化事业蓬勃发展，促进各民族树立新时代精神风貌

2012—2018 年，民族地区平均每年出版文字图书 2.71 万种，比 2000—2011 年平均每年多出版 1.18 万种；平均每年发行报纸 18.32 亿份，比 2000—2011 年平均每年多发行 2.54 亿份；广播电视台由 537 个增加到 620 个，电视人口综合覆盖率由 96.56% 提高到 99.15%，提高了 2.6 个百分点；文化馆从 789 个增加到 799 个，增长 1.3%；文化站从 8 205 个增加到 8 691 个，增长 5.9%；图书馆事业机构从 749 个增加到 767 个，增长 2.4%；艺术事业机构从 1 050 个增加到 1 615 个，增长 53.8%。2012—2018 年，文化馆、文化站、图书馆事业机构、艺术事业机构吸纳就业能力较强，共增加职工人数 2.1 万人，增长 32.1%（见表 3–6）。近年来，不少民族地区以铸牢中华民族共同体意识为主线，融合民族、生态、文化等要素，将文学创作、艺术创作、体育赛事等作为重点发展的文化产业来培育，不仅取得了较好的经济效益，也充分展现了新时代各族人民的良好精神风貌。

表 3-6　2012—2018 年民族地区文化艺术体育机构和人员状况

年份	机构数 / 个				职工数 / 人			
	文化馆	文化站	图书馆事业机构	艺术事业机构	文化馆	文化站	图书馆事业机构	艺术事业机构
2012	789	8 205	749	1 050	10 500	15 499	7 761	32 841
2013	793	8 533	757	971	11 110	16 684	7 977	34 195
2014	795	8 701	758	1 093	11 225	19 941	7 877	35 813
2015	795	8 665	758	1 321	11 245	21 662	8 011	40 463
2016	801	8 789	766	1 398	11 287	25 127	8 171	41 788
2017	799	8 734	767	1 430	11 158	24 388	8 299	42 025
2018	799	8 691	767	1 615	11 119	25 215	8 278	43 375

资料来源：根据《中国民族统计年鉴》整理。

（二）非物质文化遗产传承和保护加强，各民族历史文化得到有效沉淀

通过建立少数民族非物质文化遗产名录和确定项目代表性传承人，一大批非物质文化遗产得到更好的传承和保护。2018 年，民族地区拥有中国历史文化名城 26 个、中国历史文化名镇 38 个、中国历史文化名村 52 个。2018 年，民族地区拥有世界自然遗产 7 个，世界文化遗产 5 个，人类口述和非物质遗产 10 个，分别占全国总量的 58.3%、14.3%、38.5%。

第十节

边境建设和沿边开发开放水平显著提高

党的十八大以来，有关部门和边境各省区坚决贯彻落实党中央、国务院决策部署，有力加快了边境地区各项事业发展，为加快边疆发展，确保边疆巩固、边境安全，不断筑牢根基，为全面建成小康社会和实现第一个百年奋斗目标作出了积极贡献。

一、边境地区经济社会发展取得显著成效

国家出台了一系列支持边境建设的政策和规划，支持边境地区基础设施、科教文卫、特色产业等项目建设。2016—2019 年，国家发展改革委累计安排边境省区中央预算内投资超过 6 000 亿元，重点用于农林水利、交通能源、民生工程建设。2015—2020

年，中央财政共计安排边境地区专项转移支付超过 1 000 亿元。国家投资不仅直接有力支持了边境地区建设，同时也带动各相关领域资金投向边境。2018 年，边境县（市）生产总值首次突破 9 000 亿元，城镇居民人均可支配收入 30 282 元，农村居民人均可支配收入 15 147 元；社会事业快速发展，边境地区卫生机构（含村卫生所）达 17 521 个，小学净入学率达 97.33%，初中净入学率达 96.46%，基本实现“县县有图书馆、文化馆”的目标。2019 年沿边省（区）经济指标，如表 3–7 所示。

表 3–7　2019 年沿边省（区）经济指标

省（区）	经济				人口		
	地区生产总值 / 亿元	增幅 / %	人均地区生产总值 / 元	增幅 / %	常住人口 / 万人	城镇人口 / 万人	乡村人口 / 万人
内蒙古	17 212.5	5.2	67 852	5.0	2 539.6	1 609.4	930.2
辽宁	24 909.5	5.5	57 191	5.7	4 351.7	2 963.9	1 387.8
吉林	11 726.8	3.0	43 583	3.5	2 690.7	1 567.9	1 122.8
黑龙江	13 612.7	4.2	36 183	4.7	3 751.3	2 284.5	1 466.8
广西	21 237.1	6.0	42 964	5.1	4 960.0	2 534.3	2 425.7
云南	23 223.8	8.1	47 944	7.4	4 858.3	2 376.2	2 482.1
西藏	1 697.8	8.1	48 902	6.0	350.6	110.6	240.0
甘肃	8 718.3	6.2	32 995	5.7	2 647.4	1 283.7	1 363.7
新疆	13 597.1	6.2	54 280	4.5	2 523.2	1 308.8	1 214.4

资料来源：根据2019年各沿边省（区）国民经济和社会发展统计公报整理。

二、边境地区基础设施建设取得重大进展

截至 2017 年底，已有 69 个边境县通铁路，49 个边境县通高速公路，所有边境县实现通油路，已建成 22 个边境运输机场，改善了边境地区的出行条件。

» 专栏 3-4

广西壮族自治区多措并举促进边境地区发展

近年来，广西加强边境地区基础设施建设，改善边境地区生产生活条件，促进经济社会发展。截至 2018 年底，广西边境地区公路总里程为 8 287 公里，实现边境地区乡镇和建制村通硬化路率达到 100%，全部乡镇均开通客车。农村自来水普及率达到 81.3%。实现了边境 0 ~ 20 公里范围内农村广播电视数字化、双向宽带化。加快凭祥铁路口岸、友谊关、东兴口岸北仑河二桥等公路口岸基础设施建设。

三、边境地区对外开放进入新阶段

党的十八大以来，中共中央、国务院出台了一系列支持沿边开发开放的政策文件，先后印发《关于加快沿边地区开发开放的若干意见》《关于支持沿边重点地区开发开放若干政策措施的意见》，边境地区对外开放政策不断完善。布局建设了一批沿边开发开放试验区，形成了沿边开发开放的先行区。各沿边省（区）出台一系列贯彻落实文件，对边境地区开发开放的政策支持力度不断加大。在各项政策推动下，边境地区对外贸易稳步发展。截至2017年，沿边省（区）共有136个经国家批准对外开放的边境口岸，其中铁路口岸有12个，公路口岸有63个。

四、边境地区特色产业发展成效显著

加快发展进出口贸易，推动农副产品和加工制造业加速发展。云南边境地区大力发展机电装备、家电、轻纺、食品和消费品、林产品加工等产业。吉林边境地区建成了一批以人参、中药材、延边黄牛为主的种养殖加工基地。内蒙古、辽宁、黑龙江、新疆生产建设兵团边境地区形成了从原料加工到对外销售的产业链。以丰富的旅游资源为依托，边境地区的旅游业得到了较大发展。2019年，东北三省总接待游客量达到 11 亿人次，新疆维吾尔自治区旅游接待人次和增幅均超过 40%，西藏自治区接待游客 4 012 万人次、实现总收入 559 亿元，广西、云南累计接待海内外游客达 16 亿人次、旅游总收入均超过 1 万亿元。

第十一节

灾后恢复重建取得显著成效

党的十八大以来，有关地区以习近平总书记关于防灾减灾救灾的重要论述为指引，在党中央、国务院坚强领导下，在中央各有关部门和社会各方面的大力支持下，坚持以人为本、尊重自然、统筹兼顾、立足当前、着眼长远的基本要求，弘扬自力更生、艰苦奋斗精神，周密部署、精心组织，担负重建主体责任。经过各方的不懈努力，灾区灾后恢复重建工作取得决定性胜利，实现了户户安居、家家有业、乡乡提升、生态改善、设施改进、经济发展的重建目标。

一、编制总体规划科学引领灾后恢复重建

国务院灾后恢复重建指导协调小组有关部门认真落实党中央、

国务院工作要求，扎实开展重建规划编制工作。广泛收集信息资料，详细了解灾区自然条件、经济发展、社会民生等情况，注重总结提炼地域特点。组织有关部门和专家多批次深入灾区开展调研，认真听取省、市、县和灾区干部群众的意见和建议。在做好灾损评估、地质灾害排查及危险性评估、住房建筑物受损鉴定和资源环境承载能力评价基础上，集中精力搞好规划顶层设计。及时研究重建支持政策和有关重大问题，对规划涉及的农房迁建原则和重建模式等重要内容充分进行沟通衔接，按照轻重缓急合理确定规划任务，将绿色发展、可持续发展理念转化为具体措施，形成了“资金约束规划、规划引领重建”的新模式。着力规划内容创新，把恢复重建与生态文明建设、城镇化建设、新农村建设有机结合起来，提出了重建新举措。

二、细化政策措施顺利实施灾后恢复重建

国务院灾后恢复重建指导协调小组有关部门报请国务院印发支持芦山和鲁甸地震灾后恢复重建政策措施的意见，明确了系统性的灾后恢复重建政策措施，根据灾损核定情况，以及灾后恢复重建总体规划，中央财政安排芦山灾后恢复重建补助资金 460 亿元，鲁甸（含景谷）灾后恢复重建补助资金 200 亿元，从资金上给予大力保障。在资金管理方式上，由原先的中央多部门、多渠道给钱、给物式救灾，调整为中央财政统一协调下达、地方政府统筹落实的方

式，一个口子对下，极大地提高了救灾和重建效率。在资金安排模式上，中央财政创新使用“基金 + 专项”的模式，引导灾区将灾后重建短期利益和灾区产业长远发展结合，增强了灾区内生发展动力。统筹安排财税、土地、金融、产业、社保、就业、生态修复等方面的政策措施，并提前预留调整区间，交由灾区根据地区实际酌情确定。

三、落实主体责任精心组织灾后恢复重建

受灾省份建立省级统筹、部门指导、市负总责、县抓落实的重建机制，把灾后恢复重建作为本省的重大政治任务，建立高效统一、责任明确、协同配合的组织指挥体系、工作推进体系，加强对灾后恢复重建工作的组织领导和统筹协调，及时研究解决工作中遇到的困难和问题。省级有关部门分行业、分系统协同推进。灾区各级党委政府切实担起恢复重建主体责任，严格落实党政同责和“一把手”责任制，指挥在一线、决策在一线、工作在一线。灾区基层党组织充分发挥战斗堡垒作用，广大基层党员干部冲锋在前、坚守一线，履职尽责、勇于担当，充分发挥主心骨作用，为恢复重建提供了重要组织保证。在推进民房恢复重建和集镇建设的过程中，注重配套建设公共服务和基础设施，促进了灾区创新、协调、绿色、开放、共享发展。

四、创新体制机制高效推进灾后恢复重建

灾区省市两级政府及时出台配套政策措施，从税费减免、金融支持、土地保障、产业扶持等方面大力支持恢复重建。深化投融资机制创新，运用市场机制破解重建资金难题，省市县财政安排专项资金，带动社会资金、民间资本投入，撬动信贷资金、银行贷款。实行重建资金包干制，省级根据灾情损失规模、灾后恢复重建需求和市县财力、捐赠资金等情况，统筹各类财政资金，对灾区市县实行总量包干。实行物资保障机制，扩大主要建材产能，优化销售点布局，畅通物资运输，实施临时价格干预，确保了建材物资有效供给、灾区建筑市场价格稳定可控。建立项目推进机制，依据有关法律法规及基本建设程序，合理下放审批权限，有效精简审批程序，建立审批绿色通道；合理确定重建重点和建设时序，坚持串联项目前后衔接、并联项目分头实施、交叉项目统筹推进；围绕重建目标倒排任务、挂图作战、清单销号，确保了项目前期工作和项目建设高效推进。实行监督监察机制，省市县三级人大代表、政协委员深入灾区视察监督，党政督查部门、纪检监察部门、审计部门、行业主管部门对恢复重建实行全过程监督监察，主动接受社会监督，加大执纪问责力度，确保了依法重建、阳光重建、廉洁重建。

五、动员群众参与全面做好灾后恢复重建

始终坚持以人民为中心的发展思想，以最快速度恢复灾区生活秩序、最大限度集中资源建设民生设施、最大力度改善灾区生活条件，做到事事关心群众利益，件件惠及受灾群众。在思想上尊重群众、感情上贴近群众、行动上依靠群众，科学民主决策，认真听取群众意见，广泛汇聚群众智慧。通过公众意见采集沟通渠道，积极参与重建项目决策，为与自身生产生活密切相关的重建项目选址、质量、标准建言献策，对项目实施过程进行监督，有效避免项目决策失误，尽力减少损失，防止建设工程违规违纪事件发生。灾区群众不再“等靠要”，自力更生、互帮互助，苦干实干，自己的房子自己建，参与重建更加积极主动，形成了恢复重建强大合力。

» 专栏 3-5

灾后恢复重建取得巨大成就

经过三年的不懈奋斗，2013 年 7 月到 2016 年 7 月，芦山地震灾后恢复重建取得决定性胜利；2014 年 11 月到

2017年11月，鲁甸灾区经济社会发展水平全面超过灾前，总体规划所确定的重建目标成为美好现实。

一、居民住房条件显著改善

灾后恢复重建始终将城乡居民住房作为重中之重。震后一年，震损住房维修加固全面完成；震后一年半，农村住房重建全面完成；震后两年，城镇住房重建基本完成。重建后的城乡住房安全牢固、经济实用、布局合理、配套完善，合理避让安全隐患并提高了抗震设防标准，既具有浓郁的区域、民族特色，又适应现代生活需要，极大地改善了灾区群众的居住条件。

二、公共服务能力大幅增强

灾区公共服务设施全面恢复提升，资源进一步整合，布局更加合理，基本实现村村有卫生室、乡乡有卫生院、县县有等级医院，学校、医院设施设备明显改善，抗震设防标准提升。一大批文化、体育和社会福利设施投入使用。灾区公共服务条件显著改善，服务水平大幅提高。

三、基础设施保障能力明显提高

灾区交通、能源、水利、通信等基础设施全面恢复。对外大通道通达能力全面增强，安全畅通的乡村路网初步形成，水利基础设施建设有序推进，骨干电网和农村电网全面建成，一批通信设施新建落成。基础设施普遍超过震前水平，为灾区经济社会发展提供了有力保障。

四、产业发展优化升级

加快产业结构优化升级，抓住重建时机淘汰落后产能和企业，对原有分散落后的产业布局进行调整，恢复和建设了一批特色产业园区，建成一批特色农产品生产基地，旅游业成为灾区的新亮点。

五、生态修复初见成效

灾区受损林地和山体植被逐步恢复，重大次生灾害隐患点有效治理，防灾减灾水平明显提升。灾害监测预警预报体系得到恢复，应急能力显著增强。水土流失状况明显改善。灾区水源地保护、废弃物处理、土壤污染治理等环境保护设施重建任务全面完成，绝大部分建筑垃圾得到了有效利用。

六、精神家园重建同步推进

实施心理康复工程，积极开展受灾群众心理疏导，注重人文关怀，孤儿、孤老、孤残人员基本生活得到保障。实施地震遗址保护，抢救修复灾区文物、文化典籍及珍贵非物质文化遗产，公共文化设施得到加强。

鲁甸灾后恢复重建后回龙湾安置点

图片来源：丁世新拍摄。

第十二节

生态保护补偿机制建设迈上新台阶

党中央、国务院一直高度重视生态保护补偿机制建设，党的十八大以来，以习近平同志为核心的党中央把生态文明建设纳入“五位一体”总体布局和“四个全面”战略布局，作出了一系列重大部署和安排。有关部门和地方将生态保护补偿机制建设作为落实生态文明战略的重要举措，推动全国生态保护补偿工作迈上新台阶。

一、生态保护补偿机制的顶层框架初步形成

（一）出台健全生态保护补偿机制的制度性文件

实施生态保护补偿机制是调动各方积极性、保护好生态环境

的重要手段，是生态文明制度建设的重要内容。为进一步健全生态保护补偿机制，加快推进生态文明建设，2016年国务院办公厅印发了《关于健全生态保护补偿机制的意见》(以下简称《意见》)，《意见》明确了健全生态保护补偿的指导思想、基本原则和总体目标，在深入总结我国生态保护补偿实践的基础上，创造性地提出了我国生态保护补偿机制的分类体系，指出生态保护补偿共包括重点领域、重点区域和市场化生态保护补偿三个方面。其中，重点领域生态保护补偿主要是针对我国七大生态系统，即森林、草原、湿地、荒漠、海洋、水流、耕地的生态保护补偿；重点区域生态保护补偿包括对限制、禁止开发区域的补偿，流域上下游、生态保护地区与受益地区等跨区域之间的补偿；市场化补偿的涵盖范围更广，包括水权、排污权、碳排放权的交易制度，以及绿色产品标准认证体系等方面。《意见》搭建了我国生态保护补偿机制的框架体系，为扎实有序推动生态保护补偿工作奠定了基础。在《意见》印发的同时，国务院批准同意建立生态保护补偿工作部际联席会议制度，统筹研究解决生态保护补偿机制建设中的重大问题。为不断深化生态保护补偿机制的理论研究和实践探索，有关部门先后在宁夏石嘴山、四川雅安、江西九江、北京、云南昆明、重庆、安徽黄山、四川成都召开8次国际研讨会，不断营造各方共同推进生态保护补偿工作的良好氛围。

（二）完善流域上下游生态保护补偿机制的制度体系

2016年，财政部、原环境保护部、国家发展改革委、水利部联合印发《关于加快建立流域上下游横向生态保护补偿机制的指导意见》，明确了建立流域横向生态保护补偿机制需要遵循的基本原则，对流域生态补偿的基准、补偿方式和补偿标准等提出了要求，强调应当根据流域生态环境现状、保护治理成本投入、水质改善收益、下游支付能力、下泄水量保障等因素综合确定补偿标准，指出应由流域上下游地方政府自主协商建立补偿机制，中央财政给予引导支持。2018年，财政部等四部门印发《中央财政促进长江经济带生态保护修复奖励政策实施方案》，明确中央财政安排专项资金对长江流域相邻省份协商签订补偿协议、省级行政区域内建立流域横向生态保护补偿机制、流域保护和治理任务成效突出的省份予以奖励，奖励资金安排与绩效评价结果挂钩。2020年，财政部等四部门印发《支持引导黄河全流域建立横向生态补偿机制试点实施方案》，提出在2020—2022年试点期间，中央财政专门安排黄河全流域横向生态保护补偿激励政策，紧紧围绕促进黄河流域生态环境质量持续改善和推进水资源节约集约利用两个关键，支持引导沿黄九省加快建立流域生态保护补偿机制，对水质改善突出、良好生态产品贡献大、节水效益高、资金使用绩效好、补偿机制建设全面系统和进展快的省（区）给予资金奖励，推动黄河流域的系统性保护。

（三）创新市场化、多元化生态保护补偿的政策设计

按照党的十九大提出的建立市场化、多元化生态保护补偿机制的重要部署，2018 年，国家发展改革委等 9 部门印发《建立市场化、多元化生态保护补偿机制行动计划》，明确提出要在资源开发、排污权、水权、碳排放权抵消、生态产业、绿色标识、绿色采购、绿色金融、绿色利益分享九大领域建立市场化补偿机制，指导地方加强机制创新和实践探索，丰富生态保护补偿形式，拓宽生态保护补偿资金来源。我国市场化、多元化生态保护补偿工作取得新的进展，全国碳排放交易体系正式启动，碳排放权交易市场建设方案（发电行业）印发实施，碳排放权抵消机制不断完善，碳排放权交易试点范围不断扩大；水权交易流转形式日益丰富，省市县三级用水总量控制指标体系和跨省主要江河水量分配方案建立；全国超过一半的省（区、市）开展了排污权有偿使用和交易试点，通过市场手段促进污染物减排。

（四）启动实施生态综合补偿试点

为健全我国生态保护补偿机制，进一步提高补偿资金使用效益，调动各方参与生态保护工作的积极性和主动性，国家发展改革委印发《生态综合补偿试点方案》（以下简称《试点方案》）和《生态综合补偿试点县名单》，在国家生态文明试验区，西藏、四川、云南、甘肃、青海、安徽等 10 个省（区）的 50 个县（市、区）启

动生态综合补偿试点。《试点方案》明确了创新森林生态效益补偿制度、推进建立流域上下游生态保护补偿制度、发展生态优势特色产业、推动生态保护补偿工作制度化等 4 项重点任务。试点工作以县为单位实施，鼓励试点地区在系统梳理各类补偿资金来源和渠道的基础上，探索创新补偿资金使用的新方式。要求试点县根据生态资源禀赋和现实发展基础，因地制宜设计试点实施方案，探索“一县一特”试点模式，提升补偿资金使用效益，加快形成灵活多样、各具特色、操作性强、切实有效的补偿方式。鼓励地方认真践行绿水青山就是金山银山的发展理念，从转变发展方式入手，加快发展生态特色产业，将生态优势转变为经济优势，增加农牧民收入，促进地方经济社会发展迈上新台阶。

（五）有序推进重点国有林区生态保护与经济转型

大小兴安岭、长白山等重点国有林区是我国北方重要生态屏障，在国家生态建设全局中具有特殊重要地位。为切实加强林区生态保护，转变林区发展方式，引导和带动林区从以生产木材为主向以保护生态为主转变，着力改善民生，走出一条在保护中发展、在发展中保护的林区可持续发展之路，国家发展改革委会同有关部门印发《大小兴安岭林区生态保护与经济转型规划（2010—2020 年）》《长白山林区生态保护与经济转型规划（2015—2024 年）》，对大小兴安岭和长白山林区生态保护和经济转型作出顶层设计，指出了林区的重要生态地位和面临的突出问题，明确了生态保护、经济发展和社会发展等具体目标，确定了指导思想和基本原则，提出了加强林区生态保护与建设、优化林区空间布局、加快林区产业转型升级、改善林区基础设施、加快林区社会事业发展、推进林区管理体制改革和对外开放、健全政策保障体系等任务和措施，为林区走出一条绿色发展之路指明了前进方向。

二、重要生态系统保护补偿机制基本实现全覆盖

按照党中央、国务院的部署和要求，国务院有关部门不断健全重点领域生态保护补偿机制，逐步扩大补偿范围，提高补偿标准，推动重要生态系统保护取得显著成效。

（一）森林、草原生态保护水平显著提升

为维护森林和草原生态系统功能，加强森林和草原资源保护，我国建立实施森林生态效益补偿机制和草原生态保护补助奖励机制。截至2019年，已将全国13亿亩国家级公益林纳入森林生态效益补偿范围；已将38亿亩草原纳入草原生态保护补助奖励范围。中央财政每年安排森林和草原补偿资金360多亿元。同时，大力推动实施天然林资源保护、退耕还林还草、退牧还草等重大工程建设，加大植树造林种草力度，尽快恢复生态脆弱地区的生态环境。在各方的共同努力下，森林资源总量持续快速增长，草原生态系统恶化趋势得到遏制。截至2018年底，我国森林面积居世界第五位，

森林蓄积量居世界第六位，人工林面积长期居世界首位。2011—2018 年，全国草原植被综合盖度从 51% 提高到 55.7%，重点天然草原牲畜超载率从 28% 下降到 10.2%。

（二）荒漠、湿地生态系统得到有效保护

我国高度重视荒漠、湿地等生态系统的保护工作，为遏制湿地面积减少的趋势，维护荒漠生态系统的稳定性，2013 年和 2014 年，我国先后启动实施沙化土地封禁保护区补助试点和湿地生态效益补偿试点。截至 2019 年，中央财政已累计安排 10 多亿元对不具备治理条件的和因保护生态需要不宜开发利用的连片沙化土地实行封禁保护；累计安排 50 多亿元支持国际重要湿地、国家重要湿地以及生态区位重要的国家湿地公园、省级以上（含省级）湿地自然保护区的恢复与保护。截至 2019 年，全国已建设 104 个沙化土地封禁保护区，封禁保护面积达到 174 万公顷；据第二次全国湿地资源调查结果显示，全国湿地面积达到 8.04 亿亩。

（三）海洋、耕地生态系统的过度利用状况有所缓解

为加强海洋和耕地资源保护，促进海洋渔业和农业的持续健康发展，我国启动实施渔业资源保护和转产转业项目，探索实行耕地轮作休耕制度试点。中央财政加大对渔民转产转业的扶持力度，在充分尊重渔民意愿的基础上，采用财政补贴方式引导渔民提前淘汰报废渔船，逐年压减海洋捕捞渔船总功率和数量，降低渔业捕捞强

度。中央财政安排农业生产发展轮作休耕补助资金，重点在东北冷凉区、北方农牧交错区等地开展轮作试点，在地下水漏斗区、重金属污染区和生态严重退化地区开展休耕试点。“十三五”期间累计完成减船2万多艘；2019年实施耕地轮作休耕制度试点面积3 000万亩，有效缓解了海洋、耕地生态系统的过度利用状况。

三、重点区域和流域生态保护补偿取得新突破

在国务院有关部门和地方政府的共同努力下，地方政府间生态保护合作机制不断建立健全，推动重点区域生态保护取得新突破。

（一）重点生态功能区生态保护能力稳定提升

为实现区域协调发展，缩小地区间公共服务差距，引导经济布局、人口分布与资源环境承载能力相适应，从源头上扭转生态环境恶化趋势，促进人口、经济、资源环境的空间均衡，2010年国务院印发了《全国主体功能区规划》，将全国的国土空间划分为优化开发区、重点开发区、限制开发区和禁止开发区。财政部建立了重点生态功能区转移支付制度，由中央财政对划为限制开发和禁止开发的区域予以补助，补充地方政府财力缺口，加大对地方基础设施建设支持力度。截至2019年，享有重点生态功能区转移支付的县已由676个增加到819个，年度中央补偿资金额度已增加到811亿元，累计安排重点生态功能区转移支付资金5 242亿元。重点生态

功能区转移支付在部分贫困地区已经成为当地财政收入的重要来源，对于提升区域基本公共服务保障能力，激励地方持之以恒地做好生态保护工作，确保足额、稳定、高效地提供生态产品，加快形成主体功能约束有效、国土开发有序的空间发展格局等方面发挥了重要作用。

（二）重要江河保护的整体性和系统性逐步增强

长江、黄河等大江大河的保护事关中华民族伟大复兴和永续发展。党的十九届四中全会明确提出，加强长江、黄河等大江大河生态保护和系统治理。按照党中央、国务院的部署，有关部门扎实推进长江、黄河等大江大河生态保护补偿机制建设。2018 年，率先启动实施长江经济带生态保护修复奖励政策。在中央政策的支持引导下，长江经济带内相关省份建立了云贵川赤水河、渝湘酉水、皖苏滁河、皖赣阊江等多个跨省流域生态保护补偿机制，加快流域污染治理，助推长江经济带高质量发展。2020 年，启动实施黄河全流域横向生态补偿机制试点，中央财政专门安排黄河全流域横向生态补偿激励政策资金，加快推动黄河流域共同抓好大保护、协同推进大治理。

（三）跨省流域补偿机制建设初见成效

在习近平总书记亲自倡导和推动下，新安江流域生态保护补偿机制试点正式启动。截至 2019 年，各方累计投入 44 亿元，推动新安江流域水质稳定向好，跨省界断面水质达到地表水环境质量二类标准，千岛湖水质实现同步改善。广东分别和广西、福建、江西在九洲江流域、汀江—韩江流域、东江流域开展多层次跨省沟通协作，共同研究解决区域生态环境与水环境保护工作中的重大问题；北京、天津分别与河北建立潮白河、引滦入津上下游流域生态保护补偿机制，推动流域水质加快改善。

（四）重点国有林区经济转型稳步推进

在林区生态保护和经济转型规划的引领下，在天然林资源保护工程二期政策的有力支撑下，特别是随着国有林区改革推动政事企管办四分开，配套改革举措落地见效，国有林区新的体制机制逐步建立，政策叠加效果逐步显现，许多制约可持续发展的深层次问题得到了解决，重点国有林区实现了历史性变革。林区坚决贯彻落实全面停止天然林商业性采伐的决策部署，由以生产木材为主转变为以生态保护为主，积极开展森林分类经营，持续加强生态保护和建设，使森林资源总量持续增加，质量持续提高，生态功能持续增强，有效保护了森林生态系统和生物多样性。重点国有林区妥善安置转岗富余职工，职工收入大幅增长，社会保障水平显著提升，棚户区改造使国有林区职工、群众居住条件得到根本改善。在中央预算内投资的大力支持下，重点林区经济转型项目有序推进，发挥了示范引领作用，林区生态旅游、林下经济、特色种养等新兴产业蓬勃发展，原有以木材生产为主导的林业经济发展模式逐步退出历史舞台，以森林资源保护和建设为主体，以林下资源、景观资源适度开发利用为代表的林区经济正在培育塑形。

四、生态保护补偿和脱贫攻坚实现有机结合

按照党中央、国务院关于坚决打赢脱贫攻坚战的决策部署，落实生态补偿脱贫一批的总要求，党的十八大以来，有关部门不断探索生态保护补偿的新方式、新途径，通过提高补偿标准、扩大补偿范围、增设生态公益岗位等多种措施，充分发挥补偿机制在助力脱贫攻坚、增加农民收入方面的重要作用。

（一）生态保护补偿资金直接增加农牧民收入

现阶段，我国每年各级各类补偿资金的规模达 5 000 多亿元，仅中央层面安排的补偿资金规模就达 1 500 多亿元，其中相当一部分生态保护补偿资金都直接发放给林区和牧区群众。据统计，西藏阿里地区农牧民 2019 年每人实际获得各类生态保护补偿资金 6 000 多元，占当地农村居民人均收入的 60% 多。中央生态保护补偿资金已成为贫困地区农牧民收入的重要组成部分，成为支撑当地群众脱贫致富奔小康的重要来源。

（二）生态保护补偿机制拓宽农牧民就业渠道

国务院有关部门支持在贫困县设立生态管护员工作岗位，以

森林、草原、湿地、沙化土地管护为重点，优先安排有劳动能力的贫困人口参加生态管护工作，把补偿资金与管护活动挂钩，把扶贫与扶志、扶智相结合，帮扶无门路就业、无技能增收的贫困群体通过劳动脱贫。同时，推广扶贫攻坚造林专业合作社、村民自建等模式，采取以工代赈等方式，组织贫困人口参与生态工程建设，支付贫困人口合理的劳务报酬，增加贫困人口收入。

（三）生态保护补偿机制助力地方转变发展方式

支持在有关省区开展生态综合补偿试点，探索增强生态保护地区发展内生动力的新路径。按照空间管控规则和特许经营权制度，在严格保护生态环境的前提下，鼓励和引导地方以新型农业经营主体为依托，加快发展特色种养业、农产品加工业、以自然风光和民族风情为特色的文化产业和旅游业，实现生态产业化和产业生态化。支持龙头企业发挥引领示范作用，建设标准化和规模化的原料生产基地，带动农户和农民合作社发展适度规模经营。同时，通过土地流转、入股分红、合作经营、劳动就业、自主创业等方式，建立利益联结机制，完善收益分配制度，增加资产收益，拓宽贫困人口增收渠道。

第十三节

资源型地区转型发展初步探索出各具特色的转型路径

推进我国资源型地区转型发展是一项复杂的系统工程，需要各方长期协作、通力配合、久久为功。党的十八大以来，在中央支持和各级地方政府的共同努力下，在社会各界的广泛参与下，资源型地区在转型方面开展了大量工作，逐步补齐社会民生、生态环境短板，加快培育接续替代产业、优化产业结构，转型工作取得了重要的阶段性成果，站在了新的历史起点上。

一、转型发展工作体系日益完善

（一）政策体系基本建立

2008年以来，经国务院批准，国家发展改革委会同有关部门分三批界定了全国69个资源枯竭城市，涉及煤炭、油气、金属、非金属、森工等不同资源类型地区，并通过中央财政转移支付、中央预算内投资给予大力支持，初步明确了支持资源型地区转型的基本政策渠道。2012年9月，全国资源型城市和独立工矿区转型工作座谈会明确将“独立工矿区”纳入了资源型地区转型政策范畴。2013年11月，国务院印发《全国资源型城市可持续发展规划（2013—2020年）》，首次明确界定了全国262个资源型城市，并将其划分为成长型、成熟型、衰退型、再生型四种类型，确立了统筹协调、分类指导的政策框架。2016年12月，国务院办公厅印发了加快推进采煤沉陷区综合治理相关政策文件，将采煤沉陷区作为资源型地区的一种特殊类型专门予以支持，明确了工作的基本原则、目标任务和政策举措。2019年1月，国家发展改革委制定印发了《独立工矿区改造搬迁工程总体方案》，进一步明确了“十三五”期间加快独立工矿区转型发展的工作任务。2020年8月，国家发展改革委会同有关部门印发了推进采煤沉陷区综合治理的相关规划，按照分类确责、分区治理的思路，明确了沉陷区治理路径及主要任务，为全国推进采煤沉陷区综合治理工作提供了行动指南。至此，由资源枯竭城市转型为起始，以全国 262 个资源型城市为主体，以独立工矿区、采煤沉陷区为当前政策着力点，兼顾资源富集地区、国有林区的资源型地区经济转型发展工作框架和政策体系逐步形成、丰富并基本建立起来。

（二）政策支持力度逐年增大

截至 2020 年，全国 69 个资源枯竭城市累计获得中央财政转移支付资金近 2 000 亿元，年度转移支付规模从最初的 8 亿多元，增长到超过 200 亿元。针对采煤沉陷区和独立工矿区的发展困难，“十三五”期间中央预算内投资累计安排近 170 亿元，中央财政也相继将独立工矿区和采煤沉陷区纳入了资源枯竭城市转移支付范围。财政部、原国土资源部组织实施了主要针对资源枯竭城市的矿山地质环境治理重点工程，累计安排资金 80 多亿元。

（三）工作合力不断增强

2013 年以来，国家发展改革委会同财政部、自然资源部、国家统计局共同组织开展资源枯竭城市转型年度绩效评价工作，逐步完善了滚动推进、奖惩分明的支持机制。在全国范围内开展采煤沉陷区基本情况调查，为深入推进综合治理提供了数据支撑。2017 年 5 月，经国务院批准，由国家发展改革委牵头，会同有关部门建立了采煤沉陷区综合治理部际联席会议制度，进一步完善了组织协调机构和工作机制。为提升转型政策执行力和中央资金使用效率，督促各级地方政府在新形势下勇于担当、主动作为。在各方面共同努力下，协调配合、上下联动、齐抓共管的工作合力不断增强。

二、转型发展工作成效逐步显现

（一）转型发展基础不断夯实，社会民生历史遗留问题基本解决

党的十八大以来，资源枯竭城市充分发挥中央财政转移支付资金和中央预算内投资的“撬动作用”，加快推进民生领域转型攻坚，财政民生投入不断加大。山东省淄博市淄川区、安徽省淮北市等民生领域和社会事业领域支出占财政总支出达到 80% 以上，人民群众特别是生活困难群体的生活质量持续改善，城乡人居环境发生根本性变化，棚户区改造、社会保障、教育卫生、公共基础设施建设等方面制约转型发展的历史遗留问题已逐步得到解决。据初步统计，资源枯竭城市累计改造棚户区超过 2 亿平方米，居民居住条件大为改善，基本实现住有所居。资源枯竭城市高度关注保障重点人群，城镇居民基本养老保险和基本医疗保险覆盖水平大幅提升，湖北省大冶市等 14 个城市参保率达到 100%。城乡低保实现全覆盖且保障水平持续提高。通过组织就业技能培训、鼓励小微企业发展、开展双创活动、积极拓展就业和再就业空间等多种方式，使得长期困扰

资源枯竭城市的就业问题得到了有效缓解，居民收入水平不断提高，与全国平均水平基本持平。转型前因失业、贫困等问题积累的社会矛盾得到有效缓解，社会治理水平与和谐氛围大幅提升。2012—2019 年资源枯竭城市社会保障水平变化趋势，如图 3-8 所示。河北省承德市鹰手营子矿区避险安置小区前后对比照片，如图 3-9 所示。重庆市万盛经开区棚户区改造前后对比照片，如图 3-10 所示。

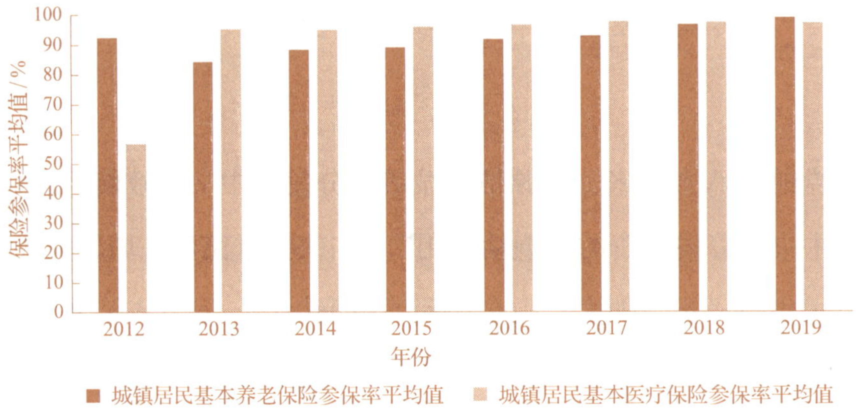

图 3-8　2012—2019 年资源枯竭城市社会保障水平变化趋势

图 3-9　河北省承德市鹰手营子矿区避险安置小区前后对比

图 3-10 重庆市万盛经开区棚户区改造前后对比

（二）生态环境状况逐步好转，城乡面貌持续改善

资源枯竭城市积极淘汰落后产能，推行绿色生产方式，城市污水处理、一般工业固体废物综合利用能力不断提升，空气质量持续改善，节能减排工作有序推进，矿山治理工作不断深入，生态环境再现绿水青山。2019 年资源枯竭城市规模以上企业万元工业增加值能耗平均水平相较 2012 年下降了 67%。“十三五”以来，采煤沉陷区治理力度不断加大，威胁群众生命安全的重大地质灾害隐患得到有效控制，土地复垦成效显著，城市增加大量的绿地、湿地和公园等，生产生活条件和人居环境得到了极大改善。江苏省徐州市贾汪区注重绿色发展，把采煤沉陷区治理从包袱变为资源，创新开展了“基本农田整理、采煤塌陷地复垦、生态环境修复、湿地景观开发、村庄异地搬迁”五位一体综合治理模式，累计实施采煤沉陷区综合治理项目 82 个、治理面积 6.92 万亩，再造耕地 5 万余亩，形成湿地景观 1.18 万亩，彻底根除了过去“天灰地陷房裂水黑”的

生态问题，逐步由“一城煤灰半城土”的“黑色印象”向“望得见山、看得见水”的“绿色主题”转变。山东省淄博市淄川区、湖北省黄石市、安徽省铜陵市、湖南省冷水江市等城市重视对采矿挖损山体、破坏水体的修复，以及土地重金属污染治理等，原有青山绿水的自然景观逐步恢复。总体上，资源枯竭城市正由“工矿型”向“宜居型”转变。江苏省徐州市贾汪区采煤沉陷区生态修复前后对比照片，如图 3-11 所示。吉林省白山市江源区矿山生态修复前后对比照片，如图 3-12 所示。

图 3-11　江苏省徐州市贾汪区采煤沉陷区生态修复前后对比

图 3-12　吉林省白山市江源区矿山生态修复前后对比

（三）接续替代产业发展势头良好，转型的内生动力增强

资源枯竭地区经济发展对资源依赖程度不断降低，据初步统计，主导资源的产值占工业总产值比重由十年前下降了一半，第三产业增加值占比提升至近 50%，资源采掘（伐）业总产值占比下降近 10 个百分点，产业结构由“一业独大”转向“多元支撑”，也逐步向综合性和加工制造型城市转型。资源枯竭城市民营经济增加值占地区生产总值比重已超过一半。重庆市万盛经开区煤炭采掘业产值占工业总产值比重由历史最高 72% 下降到 5%，安徽省淮北市非煤产业增加值占比达 71.7%。产业集聚区逐渐形成规模，一些特色鲜明的产业园区投入运营，多元化产业格局逐步形成。四川省泸州市大力发展白酒、电子信息和以装备制造、航空航天、新能源新材料、现代医药等新兴产业为主的“三大千亿产业”，接续产业集群已初具规模。湖北省潜江市推动创新要素集聚，光电子信息产业从无到有、由小变大。昔日的“工矿老城”已蝶变为战略性新兴产业高地。

河南省焦作市依托云台山等自然风光，与国内外知名康养企业合作，实施总投资超千亿元的 73 个康养项目，形成太极、山水、怀药三大特色康养品牌，图 3–13 为云台山美丽的自然风光。四川省泸州市坚持以科技创新推动产业转型，通过传统优势产业着力核心技术突破和新兴产业强化产学研合作，不断提升产业核心竞争力，图 3–14 为泸州高新技术产业开发区鸟瞰图。

图 3–13　云台山美丽的自然风光

图 3–14　泸州高新技术产业开发区鸟瞰图

（四）特殊困难区域生产生活条件得到改善，转型基础不断增强

把改善独立工矿区和采煤沉陷区居民的生产生活条件和增加民

生福祉摆在突出和优先位置，逐步改善特殊困难地区发展不平衡不充分问题。积极稳妥推进重大安全隐患区居民避险安置，大力解决居民就业、教育、医疗、居住、养老等难题，持续修复生态环境，破解城镇建设滞后困境，矿区人民群众的获得感、幸福感、安全感不断提升。“十三五”期间，中央预算内投资已累计支持 47 个重点采煤沉陷区和 99 个独立工矿区实施相关工程建设，带动社会投资近 3 000 亿元，支持搬迁安置受地质灾害隐患威胁的居民约 15.8 万户，建设了一大批市政道路、管网等基础设施，改造和新建了 1 000 余处学校医院、养老托幼、公交场站、垃圾转运等公共设施，有效改善了居民生产生活条件，生态保护恢复取得重要进展，保障了人民群众生命财产安全，解决了一批群众反映强烈的问题。转型发展内生动力不断增强，接续替代产业多元化发展格局逐步建立。

（五）相关地区真抓实干，初步探索出各具特色的转型模式

资源型城市着力加快产业转型。从“低”到“高”，改进升级传统优势产业。加强资源就地转化能力建设，延伸产业链条，提高资源综合利用率。从“无”到“有”，培育壮大接续替代产业。高起点发展旅游业，在“旅游 +”上大做文章，实现“从地下到地上、从黑色到绿色”转型。从“旧”到“新”，优化提升新兴产业。打造产业转型平台，扎实推进园区基础设施统一配套、集中实施。推动创新要素集聚，加强与高校和科研院所合作，积极培育新能源、新材料、生物医药、节能环保等新产业。积极推动城市转

型。以人居环境改善为切入点改造老城区，完善基础设施，改善城市面貌。以强化城镇功能为抓手建设新城区，提升城市功能，全面构建城市综合交通体系。以对接周边中心城市为重点，打造城市功能拓展区，通过区域经济一体化为转型开辟新路径。坚持推进生态转型。以环境保护为重点，狠抓矿区环境综合整治，因地制宜推进采煤沉陷区综合治理，实施复垦整地、治理造地、生态修地等一系列措施，坚持绿色发展，建设生态宜居城市。逐步实现社会转型。以民生改善为立足点，出台惠民便民政策、精准帮扶就业创业、最低生活保障兜底等举措，有效解决群众生产生活问题。积极化解公共服务领域历史遗留欠账，创新“房票”安置制度等加快棚户区改造和保障房建设。

三、转型发展工作经验日益成熟

党的十八大以来，资源型地区特别是资源枯竭城市的面貌发生了翻天覆地的变化。回顾资源型地区转型发展历程，在转型工作重点和转型工作方法方面总结出了一些可复制可推广的工作经验。

在转型工作重点方面，以实现生产发展、生活富裕、生态良好为目标，聚焦难点扎实解决资源型地区人民群众最关心最直接最现实的利益问题。一是坚持以改善民生为中心。资源枯竭城市转型伊始，以就业社保、棚户区、环境污染等人民群众高度关注的历史遗留问题为突破口，及时有效化解资源枯竭城市长期积累的社会矛盾，从而快速打开局面，使转型工作得到了人民群众的衷心拥护和社会各界的广泛参与。二是坚持以绿色发展为遵循。经过长期、大规模的资源开发，资源型地区在为我国经济建设取得历史性成就奠定坚实基础的同时，也积累了大量生态环境问题，已成为建设美丽中国的明显短板。随着社会发展和人民生活水平不断提高，人民群众对美好生活的向往对生态环境质量提出了越来越高的要求，广大资源型地区必须坚决摒弃以牺牲生态环境换取一时一地经济增长的做法，坚持生态保护优先，加快构建绿色发展方式，处理好绿水青山和金山银山的关系，使绿水青山产生巨大生态效益、经济效益、社会效益，让良好生态环境成为人民生活改善的增长点、成为经济社会持续健康发展的支撑点。三是坚持以多元产业为支撑。推进资源型地区经济转型，通过资金支持等政策“输血”只能治标、不能治本，关键是要加快产业转型升级，提升“造血”能力，增强自我发展的内生动力。资源枯竭城市转型前面临的种种问题，根源就在于城市发展过度依赖资源开发，一旦资源型产业出现衰退，随即引发经济社会的全面萧条。只有培育壮大多元并举、多极支撑的产业体系，彻底改变资源型产业“一业独大”的产业格局，才能增强资源型地区抵御风险的能力，从而逐步走上可持续发展的良性轨道。

在转型工作方法方面，坚持问题导向、目标导向和结果导向，广泛汇聚各界力量，积极解决转型发展过程中的重点难点问题。一是加强分类指导，力求精准施策。资源型地区数量众多，区位条件各异、资源开发处于不同阶段，经济社会发展水平差异较大，面临的发展机遇和矛盾问题不尽相同，应遵循因地制宜、分类指导的原则，“因风吹火、照纹劈柴”，明确各类地区的发展方向和重点任务，通过针对性政策措施引导和支持不同类型资源型地区实现特色发展。积极探索各具特色的发展模式，总结经验并加大宣传推广。二是发挥市场机制决定性作用，充分发挥政策性、开发性等融资渠道积极作用。促进资源型地区转型发展，对于带动区域经济发展具有“以点带面”的牵引带动作用，要注重发挥市场在资源配置中的决定性作用，引导社会投资，强化与开发性、政策性金融机构对接，研究建立资源型地区转型发展金融合作机制，鼓励开发性、政策性金融机构结合职能定位和业务范围，聚焦居民搬迁安置、基础设施和公共服务设施建设、产业平台建设、生态环境治理等领域，探索支持资源枯竭城市转型、独立工矿区改造提升、采煤沉陷区综合治理工作的有效模式，在防范金融风险的前提下加大对相关重点项目的信贷支持力度。三是完善制度建设，建立健全可持续发展长效机制。以资源开发为依托发展起来的资源型地区，必然要经历一个由快速成长到转型发展的历程，这是经济发展的客观规律。但因资源枯竭导致地区经济衰退却不是这一历程的必经环节，关键在于享有资源开发红利时，及时建立可靠的转型保障机制。我国资源型城市要避免重蹈“矿竭城衰”的覆辙，必须加快建立开发秩序约束、利益分配共享、资源产品价格形成、接续替代产业扶持等长效机制，为可持续发展提供有效的制度机制保障。四是坚持以统筹规划为引领，系统有序推动相关工作。在推进资源型地区转型的过程中，注重立足全局、整体推进、提前谋划。国务院先后印发了专门的政策意见和全国性规划，有关省份相继建立了转型领导小组、联席会议制度等工作机制，大部分省份出台了促进本地区资源型城市可持续发展的政策意见或专项规划，各资源枯竭城市以转型统领经济社会发展，全部制定了由省级人民政府批准印发的转型规划，产业升级、民生改善、环境治理等各项重点工作有序推进，对科学推进转型发挥了重要的指导和引领作用。五是聚焦特殊困难地区，着力解决重点难点问题。独立工矿区、采煤沉陷区的转型发展任务艰巨，需要集中力量、突出重点，着力改善矿区发展条件、保障群众基本生活，突破制约转型发展的瓶颈。切实加强独立工矿区和采煤沉陷区基础设施、公共服务设施建设，提升矿区基本公共服务保障水平。加快推进重大地质灾害隐患区居民避险搬迁。全面落实就业促进、社会保障等政策，扶持一批带动就业能力强的产业平台，吸纳矿区居民和采煤沉陷区失地农民就业。结合区域自然生态地理环境特征，“宜耕则耕、宜林则林、宜草则草、宜水则水”，有效改善采煤沉陷区生态环境，积极推动采煤沉陷区损毁土地复垦利用。

第十四节

老工业城市新旧动能加快转换

2013年，全国老工业基地调整改造工作启动以来，各有关部门和地区认真贯彻落实党中央、国务院关于老工业基地振兴的决策部署，扎实推进全国老工业基地调整改造规划实施，推动老工业基地调整改造取得阶段性成效。

一、全国老工业基地调整改造应时而出

老工业基地工业基础雄厚，发展条件较好。“一五”时期苏联援建我国的156个重点项目一半以上布局于此，经过“二五”和“三线”建设积累了大量资产，拥有装备制造、军工、能源、原材料等基础性、战略性产业，聚集了大型骨干企业和高素质产业工人

队伍，具有研发重大技术和发展战略性新兴产业的基础。同时，一些老工业基地金属矿、煤炭、油气等自然资源丰富，是国家重要的能源原材料基地。

2003 年，党中央、国务院从全面建设小康社会全局出发，作出了振兴东北地区等老工业基地战略决策。在认真总结前十年东北地区等老工业基地振兴实践经验的基础上，2013 年正式启动全国老工业基地调整改造工作，将老工业基地振兴由前期以东北地区为主向巩固深化东北、统筹推进全国老工业基地振兴转变，以深化改革、扩大开放为强大动力，以再造产业竞争新优势、全面提升城市综合功能为主攻方向，以促进绿色发展、增强创新支撑能力为重要着力点，以保障和改善民生为根本出发点和落脚点，推动老工业基地建设成为国家重要的新型产业基地和区域经济发展的重要增长极。

二、老工业基地调整改造工作全面推进

（一）政策措施逐步完善，支持力度不断加大

2013 年，经国务院批复同意，国家发展改革委印发实施《全国老工业基地调整改造规划（2013—2022 年）》，明确了调整改造的总体思路、主要任务和政策举措。2014 年，国务院办公厅印发《关于推进城区老工业区搬迁改造的指导意见》，针对老工业区搬

迁改造这一调整改造重要抓手，提出具体工作要求。国家发展改革委相继制定出台《关于做好城区老工业区搬迁改造试点工作的通知》《东北城区老工业区搬迁改造专项实施办法》等，持续推进城区老工业区搬迁改造工作。2018 年，国家发展改革委启动城区老工业区搬迁改造重点工程，老工业区搬迁改造由试点探索进入示范带动的新阶段。与此同时，不断加大中央预算内投资力度，支持领域逐步拓展至企业搬迁改造、市政基础设施建设、工业遗产保护利用、环境污染治理、创新创业能力建设等重点领域，一批补短板、强基础、增后劲的重大项目加快推进，充分发挥了中央预算内投资的引导带动作用。

（二）工作机制逐步完善，系统合力初步形成

国家发展改革委深入落实放管服改革，认真做好统筹协调服务，在实际工作中形成上下联动、协调配合的工作方式，逐步建立完善中央统筹、省负总责、市县抓落实的工作机制，各级工作权限进一步明晰。项目管理方面，按照党中央、国务院关于深入推进简政放权的决策部署，改革创新中央预算内投资安排方式，自 2016 年起将具体项目权限下放至省级发展改革委，实现权力和责任同步下放，在充分调动系统内部工作积极性的同时，进一步落实了中央预算内投资项目管理责任。系统建设方面，多次举办全国老工业区搬迁改造工作培训班，邀请相关部门代表和专家解读政策、总结工作、分析问题，安排工作成效显著的老工业区介绍情

况、分享经验，搭建相互交流学习、加强系统干部队伍能力建设的平台。汇编形成《全国城区老工业区搬迁改造工作纪实》，加强城区老工业区重点工程先进经验宣传报道，畅通系统内部交流学习的渠道。

（三）搬迁改造工程亮点纷呈，转型模式各具特色

在老工业基地调整改造实践中，涌现出一批调整改造成效显著的老工业城市，发挥了示范带动效应。北京市首钢老工业区西十筒仓改造项目，将原用于存放铁矿石的原料仓库改造为现代办公设施，被选定为2022年北京冬奥会组委会办公地点，既促进城市有机更新，又形成良好社会效益（见图3–15）。沈阳市加快改造提升传统优势产业，建设华晨宝马、华晨中华、上汽北盛等整车厂，培育零部件配套企业150余家，产业基础能力和产业链水平持续提升。株洲市打好污染防治攻坚战，受污染耕地安全利用率达91%以上，市区污染地块安全利用率达100%，生态环境修复成效明显。徐州市以老工业城市更新改造为契机，推进乡村公共空间治理、农村人居环境整治等工程，促进城乡融合发展，城市辐射带动效应进一步增强。石嘴山市加快推进老旧小区改造，社会民生显著改善。

图 3-15　北京市首钢老工业区三号高炉秀池改造

三、老工业基地调整改造成效明显

（一）产业结构调整进展较快

围绕再造产业竞争新优势，老工业城市加快推动新旧动能转换，积极推进工业化和信息化、制造业和服务业融合发展，加快培育发展现代服务业，提升产业基础能力和产业链水平，不断提高产业发展质量。传统优势产业加快转型升级，以老工业企业搬迁改造和退城入园为契机，传统优势产业加快向高端化发展，市场竞争力进一步增强。新兴产业不断发展壮大，老工业城市高新技术产业增加值增速快于同期地区生产总值增速，新动能支撑作用明显提升。生产性服务业稳步提升，成为推动经济增长的重要引擎。产业承接转移有序推进，老工业城市抢抓国内外产业格局调整重大机遇，不断优化营商环境，积极吸引发达地区产业转移。

（二）城市功能进一步提升

围绕全面提升城市综合功能，老工业城市加快推进老工业区搬迁改造，提高市政基础设施和公共设施承载能力，进一步加大工业遗产保护利用及文化传承力度，不断优化城市空间格局，着力打造高品质生活。城区老工业区搬迁改造稳步推进，112 个城区老工业区搬迁改造工作成效明显，“退城进园”“退二进三”取得阶段性成果，城市区域和产业发展格局进一步优化。工业遗产保护利用取得积极进展，工业遗产保护利用理念深入人心，方法模式持续创新，政策举措更加务实，影响力不断增强。城市基础设施和公共服务建设加快推进，老工业城市市政基础设施进一步完善，城市综合承载能力逐步增强。图书馆、体育馆、医院、学校和公园等公共服务设施建设不断加强，城市综合服务功能快速提升。城乡协调发展水平持续提升，城乡统一的公共服务体系逐步建立，农业转移人口市民化有序推进，城乡融合发展机制进一步完善。图 3–16 为湖北省武汉市古田老工业区搬迁改造前后对比照片。

图 3–16　湖北省武汉市古田老工业区搬迁改造前后对比图

（三）绿色发展取得重要进展

老工业城市持续推进工业污染土地和废弃地治理，抓好企业技术改造升级，打好污染防治攻坚战。节能减排扎实推进，老工业城市的二氧化硫和化学需氧量排放大幅度降低，老工业城市空气质量优良天数平均达 270 余天。资源利用效率进一步提高，老工业城市绿色发展、园区循环化改造加快推进，循环经济加快发展。生态环境修复成效明显，老工业区搬迁改造生态整治工作有序推进，工业污染土地和废弃地治理取得显著成效。图 3–17 为江苏省徐州市丁万河治理前后对比照片。

图 3–17　江苏省徐州市丁万河治理前后对比图

（四）创新创业活力不断释放

老工业城市加快推进创新链整合工程，大力推进创新创业平台建设，稳步提升城市自主创新能力，扎实推进人才队伍建设，着力提升创新驱动发展能力。科教机构和研发平台快速发展，老工业城市大学、科研院所和机构超过 2 700 家，数量不断增加。各类创新创业平台、重点实验室、工程技术研究中心、科技孵化器等超过 7 800 家。科技创新能力不断提升，以企业为主体的技术创新体系加快构建，科技成果创新和转化应用能力进一步增强，老工业城市共拥有国家高新技术企业、科技型企业等约 5.4 万家。

（五）社会民生改善取得明显成效

老工业城市持续推进搬迁改造企业职工再就业、老旧小区改造等民生工程，不断提高城市基本公共服务均等化程度，进一步完善社会治理体系，增强人民群众的获得感幸福感安全感，就业工作成效明显，120 个老工业城市中有 2/3 的城市城镇登记失业率低于全国平均水平。社会保障体系不断完善，老工业城市社会保险、社会福利、社会救助等覆盖面持续扩大，城乡社会保障水平稳步提升。城市居住条件显著改善，“十三五”时期，全国老工业城市平均每年新增保障性住房超过 100 万套，老旧小区改造加快推进，居民居住水平明显改善。治理能力不断提升，共建共治共享的社会治理制度加快建立，社会治理体系进一步完善。图 3–18 为四川省攀枝花市西区老旧小区改造前后对比照片。

图 3–18　四川省攀枝花市西区老旧小区改造前后对比图

（六）改革开放进一步深化

围绕深化改革开放，老工业城市推动放管服改革等系列优化营商环境的政策举措落地见效，提高对外交流合作层次和水平，进一步释放各类市场主体活力，推动形成更深层次、更高水平的全方位开放格局。国有企业改革持续推进，国有企业优化重组稳步推进，企业办社会、厂办大集体等历史遗留问题得到进一步解决。非公经济健康发展，支持民营企业发展的工作机制和政策举措进一步完善，民营经济发展环境不断优化，民营企业活力有效激发。政府职能加快转变，放管服改革持续深化，审批流程持续优化，服务方式不断创新，营商环境进一步改善。开放型经济体系加快构建，对外开放领域不断扩大，产业国际合作不断加强，承接国内产业转移有序推进，开放层次和水平进一步提高。

总体来看，老工业基地振兴发展取得了显著成效，经济社会发展面貌焕然一新，北京市石景山区、重庆市大渡口区、武汉市硚口区等老工业区已实现结构优化和动能转换，江苏省徐州市、湖南省株洲市等老工业城市先进制造业茁壮成长，竞争力明显增强。这些成功的实践，蹚出了老工业基地调整改造的新路子，增强了信心，为实现全面振兴、全方位振兴奠定了坚实基础。

第十五节

试点示范深入推进开发开放平台建设取得重要进展

党的十八大以来，各地区各部门深入贯彻落实党中央、国务院决策部署，推进产业转型升级示范区、开放合作园区等开发开放平台建设，加强重点区域合作，为探索特殊类型地区振兴发展新路径，推进区域协调发展作出了重要贡献。

一、产业转型升级示范区建设取得积极成效

2017 年以来，国家有关部门支持建设了 20 个产业转型升级示范区，初步建立了有规划方案、有支持政策、有专项资金、有评估指导、有督查激励的闭环政策体系，初步形成了长效工作机制。

（一）不断细化支持示范区建设的政策措施

国家发展改革委等五部门先后联合印发了支持示范区建设的实施意见、示范区设立管理办法、年度评估管理办法、表扬激励实施办法、专项资金管理办法等一系列文件，并在产业、创新、投资、金融、土地等多方面落实支持政策。四年来，推荐国务院通报表扬

» 专栏 3-6

真抓实干成效明显获得国务院表扬激励城市

2017 年	北京市石景山区、山西省长治市、内蒙古自治区包头市、辽宁省沈阳市、吉林省吉林市、黑龙江省大庆市、安徽省铜陵市、江西省萍乡市、山东省淄博市、河南省洛阳市、湖北省十堰市、湖南省株洲市、重庆市荣昌区、四川省自贡市、贵州省六盘水市、甘肃省白银市、宁夏回族自治区石嘴山市
2018 年	山西省长治市、内蒙古自治区赤峰市、辽宁省大连市、吉林省长春市、黑龙江省大庆市、江苏省徐州市、江西省景德镇市、山东省淄博市、河南省鹤壁市、四川省攀枝花市
2019 年	北京市石景山区、山西省长治市、辽宁省沈阳市、黑龙江省大庆市、江苏省徐州市、江西省南昌市青云谱区、河南省洛阳市、湖北省黄石市、湖南省湘潭市、四川省自贡市
2020 年	北京市石景山区、黑龙江省齐齐哈尔市、江苏省常州市、江西省萍乡市、山东省淄博市、河南省平顶山市、湖北省襄阳市、湖南省株洲市、广东省韶关市、四川省宜宾市

城市（区）37个，下达中央预算内投资46亿元，支持建设了10个国家创新型产业集群和18个新型工业化产业示范基地，支持6个省（区、市）开展了城镇低效用地再开发试点。自2017年开始，国家发展改革委每年向国办推荐老工业基地调整改造真抓实干成效明显城市通报表扬，并会同有关部门出台落实激励政策。对通报表扬的城市，在示范区年度评估和预算内投资分配中给予倾斜。在2020年中央预算内投资安排中，2019年获得国务院表扬的10个城市共计获得近6亿元投资补助，占专项总规模的43%。

（二）组织开展示范区建设年度评估

国家发展改革委等五部门连续组织开展了2017年、2018年、2019年产业转型升级示范区建设年度评估工作，形成评估意见并印发年度评估情况通报。同时，创新性地将评估中发现的示范区年度工作亮点、经验做法和不足反馈各示范区。2020年，在表扬产业转型升级示范区的基础上，对在产业转型升级相关领域真抓实干取得明显成效和典型经验的示范园区和示范项目给予通报表扬。

（三）积极协调拓宽支持示范区建设的资金渠道

2017—2020年，中央预算内资金逐年大幅增加了支持示范区的资金额度，2020年切块安排16亿元支持示范区建设，并将年度评估、国务院表扬等情况与资金切块相结合，支持115个产业转型升级关键环节重大项目，带动110亿元左右总投资。积极拓宽支持示范区建设的资金渠道，探索中央预算内资金与国家开发银行贷款联动机制。

（四）学习借鉴和总结推广示范区典型经验做法

2015年起，国家发展改革委连续5年先后组织赴有关国家开展产业转型升级示范区建设专题培训，结合培训梳理总结了世界各国的产业转型升级积累的经验，形成了培训报告和典型案例库。在学习借鉴国外先进经验的同时，积极加强对中国特色经验的总结和宣传推广。2018年1月、2019年1月、2020年1月分别在四川自贡、湖北黄石、山东淄博举行了三届全国现场经验交流活动。在淄博第三届现场会活动期间，举行了产业转型升级示范区、示范园区授牌仪式和产业转型升级示范区与国家开发银行开发性金融合作协议（备忘录）签约仪式。

（五）产业转型升级示范区建设取得积极进展

2019年，全国20个产业转型升级示范区建设取得了积极进展。从统计数据上看，首批示范区R&D投入占地区生产总值比重、省级以上科研平台数量、高新技术企业数量、高新技术产业增加值比重同比增长27.2%、14.4%、49%、13.7%，规模以上工业增加值、示范园区税收收入同比增长8.5%、24.3%。从经验做法上看，示范区在营商环境建设、传统产业转型、新兴产业培育、绿色可持续发展、协同促进发展等多个方面探索出了一批经验，部分经验做法具有较强的借鉴意义。

二、开放合作园区建设取得积极成效

（一）加快建设中德（沈阳）高端装备制造产业园

2015 年，国务院印发《关于中德（沈阳）高端装备制造产业园建设方案的批复》。中德装备园地处沈阳市西南部，近期规划面积 48 平方公里。近年来，围绕深化改革、科技创新、产业升级等领域，积极推进园区改革发展，取得重要阶段性进展和成效。在营商环境方面，辽宁省政府向中德装备园下放或委托行使 31 项省级行政职权，积极支持在园区内推广复制上海等自由贸易试验区的投资与贸易便利化政策。积极支持园区全面试点企业投资项目承诺制，探索出了先建后审的新模式。沈阳市组建中德装备园知识产权局，设立知识产权维权援助中心、中德装备园知识产权维权援助站和中德知识产权学院。组建了市场化的园区招商公司和园区投资公司，实施企业入园“零收费”。在项目建设方面，2019 年 200 个亿元以上项目实现开复工，总投资 2 085 亿元，完成年度投资 357 亿元，增长 34%。全力推进华晨宝马新工厂建设，一批重大项目实现开工建设。

（二）推动建设中韩（长春）国际合作示范区

2020 年 4 月，国务院印发《关于中韩（长春）国际合作示范区总体方案的批复》。示范区选址在长春市区东北部，近期开发面积约36平方公里，远期总面积约210平方公里。示范区将坚持在规划上精准对标，坚持“多规合一”，推进“一主、六双”产业空间布局；在改革上大胆创新，瞄准要素流通、产业集聚、产城融合等重点，建立健全制度体系；在产业上集群发展，全面扩大对韩经贸合作，形成特色产业集群；在招商上瞄准重点，以产业链招商固根基，引进一批重大项目和知名企业；在保障上协同推进，强化组织领导，推动各项工作按时序落实到位。

（三）中英（大连）先进制造产业园建设取得积极进展

2017年10月，大连市人民政府与英国国际贸易部签署合作建立中英（大连）先进制造产业示范园谅解备忘录。根据备忘录，双方将在大连花园口经济区合作建设先进制造产业示范园，努力打造中国新能源汽车、无人驾驶汽车、动力总成研发、赛车运动和汽车技术聚集区。2019年，辽宁省、大连市人民政府组织编制了中英（大连）先进制造产业园建设方案，并稳步推进园区建设各项工作。2019年，中英（大连）先进制造产业园区成功举办推介活动18次。公司规范化管理日趋完善，以“管委会＋公司＋专业咨询机构”模式推进产业园建设。园区项目取得突破进展，国家汽车质量监督检验中心成功签约。

（四）深哈合作园区打造深哈两市“飞地经济”新典范

为贯彻落实国务院办公厅印发《东北地区与东部地区部分省市对口合作工作方案》的要求，深圳、哈尔滨两市合作共建深圳（哈尔滨）产业园区，成为东北地区与东部地区两市间对口合作的第一个产业园区。园区规划面积 26 平方公里，核心启动区 1.53 平方公里，由两市政府共同投资 39.4 亿元，共同组建合资公司。率先移植深圳的体制机制和政策体系，园区已成功试行深圳招投标评定分离、新型产业用地（M0）等 11 项政策办法。

三、区域合作加快探索有益经验

（一）东北地区和东部地区对口合作取得积极进展

2017 年 3 月，国务院办公厅印发《东北地区与东部地区部分省市对口合作工作方案》，明确了东北三省四市与东部地区省、市的对口合作关系，提出了 4 个方面共 18 项任务。近年来，东北地区与东部地区对口合作在干部交流、产业合作、园区共建、营商环境优化等方面取得了阶段性成果，逐步构建起政府、企业、研究机构和其他社会力量广泛参与的合作体系。干部交流方面，有关省市建立了干部双向定点交流挂职长效机制，吉林省选派 139 名干部赴浙江挂职锻炼“学”，请浙江到吉林挂职的 34 名干部“带”。产业合作方面，中国宝安集团投资建设哈尔滨万鑫石墨谷项目。园区共建方面，北京与沈阳共同打造“沈阳·中国智谷双创街”，深圳与哈尔滨合作共建深哈产业园。营商环境优化方面，哈尔滨复制深圳经验推进强区放权，大连在“双随机、一公开”监管改革、国际贸易“单一窗口”建设等方面对标学习上海经验。

（二）湘赣边区域合作加快推进

近年来，湘赣边区域合作联席会议办公室会同各专项工作组，围绕规划编制、基础设施、乡村振兴、流域治理、红色文化等领域重点合作事项，加大推进力度，狠抓工作落实，取得良好成效。重大项目有序实施，渝长厦铁路长赣段加快推进前期工作，启动了平江至伍市、桂东至遂川、G60 醴陵至娄底高速公路扩容工程等项目，整体策划湘赣红色通道提质项目。乡村振兴协同推进，两省农业农村部门合作抓好跨省合作“四个一”行动和省内示范“四个十”工程。流域治理稳步推进，共同推进落实《渌水流域横向生态保护补偿协议》和河长制合作协议，浏阳市与万载县、袁州区签订《长宜边区域河长制合作协议》，开展跨省河流流域保护。红色文旅融合发展，共同举办“五彩湘赣边欢聚浏阳河”文旅交流活动、红色旅游文化节（博览会）等活动。积极开展长征国家文化公园（湘赣边段）方案研究。2020 年，湖南省预算设立湘赣边区域合作专项，重点支持湘赣边红色文旅融合和特色产业培育工程。

（三）跨省区合作稳步推进

淮海经济区包括徐州、连云港、宿迁、宿州、淮北、商丘、枣庄、济宁、临沂、菏泽等市，地处全国经济东西融合和南北交流的枢纽地带，是老工业城市和资源型城市的密集区。新中国成立以来，徐州、济宁、枣庄、临沂、宿迁、淮北等城市，作为重要的煤炭开采生产基地，为国家早期的工业化作出了重要贡献。近年来，徐州市牵头组织开展了淮海经济区协同发展的探索，在交通、生态、产业和老工业城市振兴、资源型城市转型等方面开展深度合作，淮海经济区的产业体系不断健全，区域内合作持续深化。

川南渝西地区作为成渝地区双城经济圈的城镇密集区和老工业城市集中分布区，2019 年川南四市地区生产总值 7 545 亿元，渝西地区十区地区生产总值 9 046 亿元。近年来，两地以基础设施、产业体系、生态环境建设为切入点，开展先行先试，已谋划对接落实川渝 12 个专项合作协议，建成 10 条高速公路省际通道，川南城际铁路等加快推进，以长江干线为主通道、重要支流为骨架的航道网络加快建设。重庆环都市区和四川自贡产业转型升级示范区建设稳步推进，自贡、泸州、内江与永川、大足、荣昌探索打造成渝地区承接产业转移示范区，积极谋划共建川南渝西融合发展试验区。

学习贯彻习近平新时代中国特色社会主义经济思想
做好“十四五”规划编制和发展改革工作
| 系列丛书 |

第四章

面向社会主义现代化巩固提升脱贫攻坚成果和特殊类型地区振兴发展形势展望

党的十八大以来，我国经济社会发展取得巨大成就，脱贫攻坚和特殊类型地区振兴发展的政策制度体系更加健全，为巩固脱贫攻坚成果和推动特殊类型地区振兴发展奠定了坚实基础。但还要看到，巩固提升脱贫攻坚成果的任务依然艰巨，推动特殊类型地区振兴发展也还面临一些问题和挑战。

第一节

当前和今后一个时期脱贫攻坚工作面临的机遇和挑战

2015 年底脱贫攻坚战正式打响以来，通过全党全国全社会的共同努力，贫困群众收入水平大幅度提高，贫困地区基本生产生活条件不断改善，贫困地区经济社会发展明显加快，到 2020 年，我国现行标准下农村贫困人口将全部实现脱贫、贫困县全部摘帽、解决区域性整体贫困问题，脱贫攻坚战取得全面胜利。但是巩固脱贫攻坚成果的任务依然繁重，面临的困难和挑战依然艰巨，决不能松劲懈怠。

一、“十三五”我国经济社会发展取得巨大成就，为脱贫攻坚奠定了坚实基础

（一）绝对贫困问题历史性地消除，为巩固脱贫攻坚成果、建立解决相对贫困长效机制打下了坚实基础

党的十八大以来，以习近平同志为核心的党中央始终坚持以人民为中心的发展思想，对决战决胜脱贫攻坚和全面建成小康社会作出系列重要部署，推动我国农村贫困人口从2012年底的9 899万人减少到2019年底551万人，七年累计减贫9 348万人，累计减贫幅度达到94.4%，农村贫困发生率从10.2%下降至0.6%，全国832个国家级贫困县中已有780个脱贫摘帽，贫困县国内生产总值年均增速高出全国平均水平2个百分点，贫困地区农民人均可支配收入年均增速高出全国农村平均水平2.3个百分点，区域性整体贫困基本得到解决。打赢脱贫攻坚战后，我国现行标准下农村贫困人口将全部脱贫，贫困县将全部摘帽，困扰中华民族千百年来的绝对贫困问题将得到历史性解决。通过脱贫攻坚，贫困地区基础设施和公共服务水平大幅提升，特色优势产业稳步发展，生态环境不断改善，发展能力明显增强，贫困群众依靠自身努力实现光荣脱贫的主动性、积极性得到有效激发和持续巩固，这些都为2020年后巩固脱贫攻坚成果、建立解决相对贫困长效机制打下了坚实基础。

（二）乡村振兴战略的全面实施，为巩固脱贫攻坚成果、建立解决相对贫困长效机制提供了有利契机

党的十九大报告明确提出，必须始终把解决好“三农”问题作为全党工作的重中之重，实施乡村振兴战略。2018 年，中共中央、国务院先后印发《关于实施乡村振兴战略的意见》和《关于打赢脱贫攻坚战三年行动的指导意见》，要求统筹衔接脱贫攻坚与乡村振兴。2019 年中央一号文件进一步提出，做好脱贫攻坚与乡村振兴的衔接，对摘帽后的贫困县通过实施乡村振兴战略巩固发展成果。2020 年中央经济工作会议提出要加强解决相对贫困问题顶层设计，纳入实施乡村振兴战略统筹安排。乡村振兴战略重点围绕实施产业、人才、文化、生态、组织“五个振兴”，实现“产业兴旺、生态宜居、乡风文明、治理有效、生活富裕”，明确了乡村振兴战略的实施原则、关键、时间、模式、路径、方案等方面的具体部署和要求，为巩固脱贫攻坚成果、解决相对贫困问题提供了重要的载体、抓手和支撑。

（三）脱贫攻坚政策制度体系及其成功实践，为巩固脱贫攻坚成果、建立解决相对贫困长效机制提供了参考借鉴

党的十八大以来，我国围绕脱贫攻坚目标，在脱贫攻坚进程中构建的中国特色脱贫攻坚制度体系，是我国消除贫困的重要经验和重大法宝。如，坚持“六个精准”方略，解决了“扶持谁”“谁来

扶”“怎么扶”等一系列问题；坚持中央统筹、省负总责、市县抓落实的管理体制，片为重点、工作到村、扶贫到户的工作机制，党政一把手负总责的脱贫攻坚工作责任制，调动各方面积极性，集中全社会力量办大事。中国特色脱贫攻坚制度体系构建及有效实施，为今后一个时期压茬推进乡村振兴、推动解决相对贫困问题提供了重要借鉴。

（四）我国经济社会发展的巨大成就，为巩固脱贫攻坚成果、建立解决相对贫困长效机制提供了雄厚的物质基础

全面打赢脱贫攻坚战后，相对贫困将取代绝对贫困成为贫困的主要表现形式。与消除绝对贫困来比，解决相对贫困问题将是一个更长期、更复杂的系统工程，需要更强大的综合实力做支撑。新中国成立以来，特别是经过改革开放以来的中高速增长，2019 年，我国经济总量接近 100 万亿元，稳居世界第二位。对世界经济增长贡献率达 30% 左右，持续成为推动世界经济增长的主要动力源。人均国民总收入突破 1 万美元。财政收入达到 19 万亿元，为促进经济发展、改善人民生活提供了有力的资金保障。建立了全世界最完整的现代工业体系，一二三产业结构更加趋于均衡，经济发展的全面性、协调性和抗风险能力不断增强。公路、铁路、信息通信等基础设施和科技文化、教育卫生、社会保障等公共服务继续完善，人民生活福祉持续增进。新型城镇化和乡村振兴战略持续推进，中西部后发优势不断显现。这些都为巩固脱贫攻坚成果、推动解决相

对贫困问题提供了强大的物质保证。

二、脱贫人口和区域返贫风险较大，巩固提升脱贫攻坚成果的任务依然艰巨

（一）部分贫困人口和贫困地区脱贫基础不牢固，巩固脱贫攻坚成果任务繁重

截至2019年底，贫困人口仅剩551万人，收入水平大幅度提高，“两不愁”质量水平明显提升，“三保障”突出问题总体解决；未摘帽贫困县只有52个，贫困地区基本生产生活条件明显改善，区域性整体贫困基本得到解决，通过各地区各部门的努力，完全可以如期实现打赢脱贫攻坚战的目标。但总的看，已脱贫群众致富水平不高、脱贫可持续性不强，返贫现象时有发生。虽然贫困地区的生产生活条件明显改善，基础设施和公共服务水平实现了大幅提升，但部分脱贫摘帽县的自然条件、生态环境短期内难以根本改观，基础设施、公共服务欠账仍然较多，产业发展基础还不够牢固，营商环境与其他地区相比也还存在较大差距，在资金、技术、人才等要素竞争中处于不利地位，这些都有可能成为影响脱贫攻坚成果巩固、制约区域协调发展的主要矛盾，特别是“三区三州”等深度贫困地区自然条件差、致贫原因复杂，后续发展仍面临诸多特殊困难，实现基本公共服务均等化目标仍然任重道远，是全面建设

社会主义现代化国家进程中的突出短板；还有不少深度贫困群体的脱贫主要依靠特惠政策扶持，一旦扶贫政策退出，保持收入持续增长、稳定脱贫任务艰巨。此外，新冠肺炎疫情防控进入常态化，也为巩固脱贫攻坚成果增加了不确定性因素。需要在2020年后通过持续帮扶、久久为功，从根本上提升这些地区的经济社会发展水平，逐步缩小地区差距，实现区域协调发展。

（二）防止返贫监测和帮扶机制刚刚建立，巩固脱贫成果、建立解决相对贫困的长效机制仍然任重道远

2020年3月，国务院脱贫攻坚领导小组印发文件，建立了防止返贫监测和帮扶机制，主要监测已脱贫但不稳定户和边缘户，特别是人均可支配收入低于国家绝对贫困标准1.5倍左右的家庭以及支出骤增、收入骤减家庭，拟通过产业帮扶、就业帮扶、综合保障、扶志扶智等提前开展帮扶。建立这套机制，既是防止全面脱贫后部分群体“坠入”绝对贫困的有效手段，也为解决相对贫困问题提供了有益探索。2020年后，亟须在这套机制的基础上着手建立解决相对贫困的长效机制。

（三）无劳动能力的农村低收入群体对社会救助兜底的依赖性更强，对有关工作提出了更高的要求

“十四五”时期，农村低收入人口将以老人、留守妇女、患病或残疾等特殊群体为主，其中大部分仍然只能通过兜底保障、医疗

保障来维持生活。由于农村青壮年劳动力不断向城市转移，农村老龄化问题将更为严重。农村青壮年劳动力“人户分离”式转移就业产生大量留守妇女儿童。从已脱贫摘帽贫困县的数据来看，剩余贫困人口中因病、因残的比例普遍在 60% 以上，部分地区高达 80%。这些问题对社会救助兜底提出了更高的要求。

第二节

新时代推进特殊类型地区振兴发展的机遇和挑战

党的十八大以来，老少边贫等特殊类型地区振兴发展取得了重大成就，全面建成小康社会为特殊类型地区振兴发展奠定了更加坚实的基础，构建优势互补、高质量发展的区域经济布局为特殊类型地区振兴发展明确了更加清晰的定位，推动形成以国内大循环为主体、国内国际双循环相互促进的新发展格局为特殊类型地区振兴发展提供了新的机遇。但还要看到，特殊类型地区仍然面临着经济社会发展相对滞后，群众生活水平相对较低，民生短板依然突出，基础设施比较薄弱等问题。

一、特殊类型地区振兴发展呈现新的阶段性特征，仍处于重要战略机遇期

（一）全面建成小康社会使特殊类型地区振兴发展的基础更加牢固

党的十八大以来，老少边贫等特殊类型地区振兴取得了重要进展，2020 年我国将全面建成小康社会，这都为“十四五”时期实现更高质量发展提供了坚实支撑。边境地区和民族地区即将迎来脱贫攻坚的伟大胜利，中华民族共同体意识进一步铸牢，资源禀赋、地缘优势等将会更加彰显，吸引国内外产业投资、深化对外交流合作的基础将日益夯实。革命老区振兴发展的积极因素持续累积，基础设施全面改善，特色优势产业快速发展，生态环境明显好转，为老区经济社会发展提供了基础支撑。生态文明建设迈上新台阶，绿水青山就是金山银山的理念日益深入人心，推动生态环境保护发生了历史性、转折性、全局性变化，推动生态退化地区治理取得新进展。资源型地区和老工业地区转型发展迎来了新契机，国家相继启动实施了一系列重大区域发展战略，为加快调整改造转型升级，拓展发展空间提供了难得的机遇。此外，新的消费模式、投资领域和增长空间不断涌现，为资源型地区和老工业地区加快转型发展，优化产业结构、空间布局、功能构成，转变经济增长方式，实现绿色

高质量发展提供了机遇。

（二）构建优势互补、高质量发展的区域经济布局使特殊类型地区振兴发展的定位更加明确

“十四五”时期，我国将开启社会主义现代化建设新征程，逐步建立优势互补、高质量发展的区域经济布局，欠发达地区、革命老区、民族地区、边境地区以及生态退化地区、资源型地区、老工业城市等特殊类型地区涉及近 4 亿人口，是城乡区域发展中的困难地区，是生态文明建设中的薄弱地区，是解决区域发展不平衡不协调问题的重点地区，也是保民生稳就业的难点区域。支持特殊类型地区振兴发展，有利于加快形成强大国内市场，提升能源资源保障能力，构建多元化开放格局，有利于扎实做好自己的事情，既是民生工程，也是发展工程。“十四五”时期，针对特殊类型地区振兴发展将实施更加精准的支持政策，推动完善体制机制，建立健全长效扶持机制，不断激发内生发展动力。

（三）推动形成以国内大循环为主体、国内国际双循环相互促进的新发展格局为特殊类型地区振兴发展提供了新的机遇

世界正经历百年未有之大变局，国际国内形势正在发生深刻调整变化，产业革命加速演进，产业升级步伐加快，以国内循环为主，利用国内国外两个市场、两种资源加快发展的机会不断增多，这些为我国特殊类型地区再造竞争优势带来了契机。老少边贫、资

源型地区和老工业地区等特殊类型地区在基础设施建设和农村人居环境整治等方面短板明显，是扩大有效投资的重点区域。同时，特殊类型地区也是扩大消费的重要潜力地区，2018 年全国乡村旅游收入已超过 8 000 亿元，并相应带动“水电路气”等基础设施建设和“食住行游购娱”等消费。支持特殊类型地区振兴发展，有利于满足人民对美好生活的向往，将是未来一段时间稳定投资和扩大消费的重要举措。同时，新一轮科技革命和产业变革方兴未艾，人工智能、大数据、5G 技术、“互联网 +”、数字经济等蓬勃发展，将为特殊类型地区深度融入强大国内市场和国内国际双循环发展新格局带来新的强劲动力和技术支撑。

二、特殊类型地区经济社会发展整体水平仍相对落后，面临诸多瓶颈

当前，老少边贫等特殊类型地区仍然面临着经济社会发展相对滞后，群众生活水平相对较低，民生短板依然突出，基础设施比较薄弱等问题，资源型地区和老工业城市则面临产业结构相对单一，城市功能不够完善，生态保护修复任务繁重等难题。这些困难和问题，归根结底是对高质量发展的理解认识和适应能力不强造成的，解决这些困难和问题，需要认真分析特殊类型地区的比较优势，准确谋定在全国发展大局中的不同定位，精准施策，提升内生发展动力。

（一）革命老区经济社会发展质量仍有待提升

革命老区巩固脱贫攻坚成果基础还不牢固，人均地区生产总值大多低于全国平均水平，特色优势产业体系尚未形成，内生发展动力不足。革命老区大多分布在多省交界区，基础设施特别是跨省区铁路还较为薄弱，与中心城市和城市群的人流物流信息流联系不够顺畅，跨区域大通道建设有待加强。革命旧址点多面广，红色文化旅游基础设施和公共服务设施有待加强。部分老区水土流失较严重，森林质量和生态系统功能脆弱，绿色转型发展有待进一步推进。

（二）民族地区发展仍然任务较重

民族地区经济社会发展仍然面临着底子薄起步晚、自我发展能力不足、特色优势产业发展不充分、城乡区域发展不平衡等问题。特别是“三区三州”等地区生态脆弱，自然灾害频发，产业吸纳就业能力较弱，巩固全面脱贫成果难度大，基本公共服务水平和基础设施通达程度较低。此外，加强民族团结的任务依然艰巨。

（三）边境地区人口和经济支撑能力有待提升

受地理、历史等多方面因素影响，边境地区除少数口岸城市外，绝大部分地区经济发展水平较差、经济体量较小、产业链条短，经济社会发展水平相对滞后。边境地区大多远离国内中心市场和主要消费群体，生产资料价格和工程造价成本普遍偏高，住房、能源、交通、通信、商业服务等基础设施缺口较大。多数边境地区城镇化水平偏低，公共服务和承载基础有限，基础教育、医疗卫生、社会保障等公共服务体系有待完善，边境地区吸引和留住人口面临困难。

（四）生态退化地区生态文明建设依然任重道远

1. 生态保护和修复的任务依然繁重

部分地区由于生态系统极其脆弱敏感，容易受到外界的干扰发生退化演替，虽然经过多年治理但与同类地区良好生态系统仍有较大差距，仍处于生态退化状态，尚未达到预期的保护与治理目标。部分地区生态系统修复虽有所好转，但地区经济发展仍然滞后，巩固脱贫成果任务依然繁重，自然生态系统面临的压力依然较大。

2. 传统生产生活方式尚未得到根本转变

我国生态保护重点地区大多具有生态屏障区、边境地区、少数民族地区和相对贫困地区的“四区叠加”的特点，生态与贫困问题相交织，盲目开垦、乱砍滥伐、超载过牧等过度利用自然资源的生产方式仍未得到根本扭转，土地利用方式粗放，过多不合理的人为开发利用活动大量挤占和破坏生态空间，超出了当地的资源环境承载能力。

3. 生态保护补偿的长效机制有待建立

生态保护补偿工作中各方的权利义务关系还不明确。流域生态保护补偿机制建立和推动面临挑战，水质水量标准的确定、补偿协议签订和履约等焦点问题尚需深入探讨。生态保护补偿资金仍以财政资金为主，市场化补偿资金所占比例低。碳排放权、排污权、水权等方面权利界定不清晰，制约了市场化补偿方式推进。同时，生态保护补偿主要形式仍以资金支持为主，产业扶持、技术援助、人才支持、就业培训等多元化补偿方式尚未得到应有的重视。综合性生态保护补偿机制尚不健全，生态保护补偿的效益仍有待提升。

（五）资源型地区转型发展面临诸多瓶颈

1．资源枯竭城市转型压力不断加大

资源枯竭城市产业结构较为单一、转型基础相对薄弱，经济发展对资源产品价格波动和外部环境变化十分敏感，应对和抵御风险的能力较弱。随着我国经济由高速增长向高质量发展转变，资源枯竭城市产业结构单一等问题更加显现，亟待转变发展方式、优化经济结构、转换增长动力。

2．资源富集地区发展模式亟待优化

部分资源富集地区开发强度过大，资源综合利用水平低，生态环境破坏严重，新的地质灾害隐患不断出现。部分地区转型升级步伐缓慢，高耗能、高污染、高排放项目低水平重复建设，接续替代产业发展滞缓。可持续发展长效机制尚未建立，资源开发与社会进步、生态环境保护之间不平衡、不协调的矛盾突出。

3．困难区域转型发展面临制约

一些独立工矿区由于地处偏远、相对独立，产业结构、居民构

成单一，城镇建设滞后，经济陷入衰退。采煤沉陷区存在较大的地质灾害隐患，面临居民避险搬迁、基础设施和公共服务设施修复、矿山环境治理等一系列问题。独立工矿区、采煤沉陷区限于自身资源禀赋条件，应对风险能力差，面临困难问题多，亟待进一步加大政策关注和支持力度。

（六）老工业基地振兴发展仍面临诸多挑战

1. 老工业城市推进动能转换的压力较大

传统产业占比偏高，高附加值产品相对较少，新兴产业企业多处于产业链低端环节。创新主体偏少，创新资源匮乏，招才引智软环境不优。高新技术企业、科技型企业数量不足，导致部分老工业城市调整改造相对滞缓。

2. 老工业企业稳定生产经营的压力较大

受经济下行影响，部分传统行业企业经营压力加大，维持生产稳定和人员在岗出现困难。老工业城市国有企业历史负担较重、非公企业规模较小，融资难、融资贵问题突出。

3. 老工业城市保障民生的压力较大

老工业城市大多先有工矿企业、后建行政区，缺乏科学统一规划，市政基础设施欠账多，个别城市老房子、筒子楼、棚户区等仍有一定规模。公共服务领域短板较明显，公办教育及育幼养老资源不足。

第五章

“十四五”时期巩固提升脱贫攻坚成果 促进特殊类型地区振兴发展的新思路

“十四五”时期，要以习近平新时代中国特色社会主义思想为指导，不断增强“四个意识”、坚定“四个自信”、做到“两个维护”，深入贯彻落实党中央、国务院决策部署，进一步突出功能定位，巩固和扩大比较优势，按照功能定位建立健全特殊类型地区振兴发展的政策体系，支持特殊类型地区在社会主义现代化建设的新征程中加快实现高质量发展，推动形成定位清晰、各具特色、优势互补、相互支撑的区域经济布局。进一步巩固提升脱贫攻坚成果，加快建立解决相对贫困长效机制；支持革命老区振兴发展，压茬推进乡村振兴和新型城镇化；提升民族地区经济社会发展水平，促进各民族共同繁荣发展；支持边境地区建设发展，提高人口与经济支撑能力；推进生态退化地区综合治理，促进人与自然和谐共生；健全灾后恢复重建工作新机制，提升灾后恢复重建能力和水平；促进资源型地区高质量发展，提升可持续发展能力；支持老工业城市更新改造，促进老城市焕发新活力；推进试点示范和重点园区建设，支持有条件地区率先实现经济高质量发展。

第一节

压茬推进脱贫攻坚和乡村振兴，推动建立解决相对贫困长效机制

按照分阶段分区域梯次推进的原则，明确脱贫攻坚政策过渡期，从集中攻坚向日常帮扶转变，结合实施乡村振兴战略，同步推进脱贫成果的巩固和相对贫困问题的解决，逐步建立完善2020年后国家反贫困战略和政策体系，推动减贫工作平稳转型。

一、合理设置脱贫攻坚政策过渡期

2020年脱贫攻坚任务完成后，巩固脱贫攻坚成果任务依然繁重，加快推进脱贫摘帽地区乡村振兴任重道远，帮助低收入人口提高生活水平是长期的历史性任务。“十四五”时期，可考虑设置一

定期限的脱贫攻坚政策过渡期，结合实施乡村振兴战略，明确一批需延续、优化调整和取消的现行扶贫政策。考虑研究延续并优化调整产业扶贫、就业扶贫、消费扶贫、以工代赈、东西部扶贫协作和中央单位定点扶贫等脱贫攻坚政策；对针对建档立卡贫困人口的教育扶贫、健康扶贫、农村危房改造等特殊支持举措进行全面评估，纳入乡村振兴战略，作为惠及农村人口的常规性政策。

二、不断完善防止返贫监测和帮扶机制

习近平总书记指出，要加快建立防止返贫监测和帮扶机制，对脱贫不稳定户、边缘易致贫户以及因疫情或其他原因收入骤减或支出骤增户加强监测，提前采取针对性的帮扶措施。[1]“十四五”时期，应把防止返贫作为巩固脱贫攻坚成果的重要任务，坚持事前预防与事后帮扶相结合，适时提高监测标准，提前采取有针对性的帮扶措施，对于有劳动能力的，可考虑衔接乡村振兴战略持续开展产业就业帮扶，大力发展农村一二三产融合发展示范园区和扶贫车间等，发挥农业产业化龙头企业、农民专业合作社对农村低收入群体就业增收和产业发展的带动作用，积极开发农村公益性岗位；对于没有劳动能力的，可考虑完善社会救助保障体系，不断拓展农村低

[1]《习近平在决战决胜脱贫攻坚座谈会上强调 坚决克服新冠肺炎疫情影响 坚决夺取脱贫攻坚战全面胜利》，《人民日报》2020 年 3 月 7 日。

收入群体增收渠道。应坚持减贫同扶志扶智相结合，大力推进移风易俗，强化奋进致富典型示范引领，引导低收入群体深度参与乡村治理。

三、着力推动全面脱贫与乡村振兴有效衔接

习近平总书记在决战决胜脱贫攻坚座谈会上和2020年上半年在陕西、山西、宁夏考察时反复强调，脱贫摘帽不是终点，而是新生活、新奋斗的起点。接下来要做好乡村振兴这篇大文章，巩固提升脱贫成果，推动全面脱贫与乡村振兴有效衔接。“十四五”时期，可考虑按照有利于激发欠发达地区和农村低收入人口发展的内生动力，有利于实施精准帮扶，促进逐步实现共同富裕的总要求，根据我国减贫工作主要矛盾的变化，在巩固脱贫成果防止返贫的基础上，依托乡村振兴战略实施，统筹推进乡村产业、人才、文化、生态、组织等全面振兴，建立长短结合、标本兼治的体制机制，推动减贫战略和工作体系平稳转型，让已脱贫群众过上更加美好的生活，走上共同富裕的道路，与全国人民一道共享国家现代化成果，为开启建设社会主义现代化强国新征程、实现第二个百年奋斗目标奠定坚实基础。

四、全力支持相对落后的欠发达地区振兴发展

2020年后，虽然贫困县全部脱贫摘帽，区域性整体贫困得到

有效解决，但仍然存在一些经济社会发展相对落后的地区，是巩固脱贫攻坚成果、实现区域协调发展的突出短板。“十四五”时期，可考虑以经济社会发展主要指标为依据，综合考虑“三区三州”特殊情况，明确一批相对落后的欠发达地区，实施专项行动，优先布局交通、水利、能源等重大基础设施建设项目，因地制宜推动生态友好型、劳动密集型产业发展，着力改善营商环境，大力推进生态环境保护与建设，提升公共服务水平，推动这些地区全面振兴发展。

五、持续巩固产业扶贫和就业扶贫成果

发展产业是已脱贫人口持续稳定增收、逐步实现富裕的根本举措，产业培育是一项长期系统工程，需要持续推进、久久为功。“十四五”时期，为农村低收入人口特别是易返贫致贫人口创造更多参与产业、转移就业、自主创业的机会，鼓励他们依靠自身能力增收致富。在脱贫摘帽地区培育壮大特色优势产业，因地制宜制定特色产业发展规划，推动农村一二三产融合发展，发挥产业对农村低收入群体就业增收的带动作用。研究延续和优化调整东西部劳务协作机制，推动省内劳务合作，继续开展大规模职业技能培训，为农村低收入群体提供更多就业岗位。

六、深入推进易地扶贫搬迁后续扶持

易地扶贫搬迁让近千万贫困人口搬出穷窝、实现脱贫，开启了新生活，搬得出的问题虽然解决了，但实现群众稳得住、能致富，是一项长期任务。“十四五”时期，聚焦大型集中安置区，全面推进新型城镇化建设，提升完善教育、医疗、就业、产业配套、社区管理等设施。因地制宜发展乡村产业，推动安置区承接劳动密集型产业转移，持续开展就业帮扶。盘活迁出区耕地林地资源，有序推进拆旧复垦复绿，延续实施城乡建设用地增减挂钩政策，保障搬迁群众合法权益。加强安置区社区建设和管理，加强社区环境整治，开展乡村精神文明建设，促进搬迁群众尽快融入新社区、适应新生活。

七、大力拓展以工代赈政策功能

习近平总书记多次强调，要改进帮扶方式，多采用以工代赈、生产奖补、劳务补助等方式，组织动员贫困群众参与帮扶项目实施。以工代赈是我国开发式扶贫和乡村振兴的一项重要政策举措，在改善农村生产生活条件和发展环境、提高农村群众工资性收入水平、激发群众增收致富内生动力、促进农村经济社会发展和区域协调发展等方面，发挥着独特而重要的作用。“十四五”时期，积极对接乡村振兴战略和“三农”领域有关需求，多措并举加大以工代赈投入力度，鼓励引导地方在农业农村建设领域大力推广以工代赈方式，推动以工代赈从专项扶贫政策向集基建投资、就业促进、收入分配、区域发展为一体的综合性政策转变。

八、开拓创新消费减贫工作机制

习近平总书记在决战决胜脱贫攻坚座谈会上，对组织开展消费扶贫行动提出了明确要求。消费扶贫作为帮助贫困人口增收脱贫的一种创新方式，拓展了社会力量参与脱贫攻坚的途径和方法，取得了实实在在的成效。“十四五”时期，继续创新方式、深挖潜力，深入推进消费减贫工作，为提升贫困地区产业发展水平、促进农村低收入群体增收致富提供重要支撑。研究聚焦巩固脱贫成果任务重的地区，更加突出消费者自愿和市场机制作用，进一步完善党政机关、企事业单位和社会组织、个人参与消费减贫工作机制，着力构建以产地和消费地为载体、以骨干企业为平台的网状式全链条消费减贫新模式，探索建立针对参与消费减贫市场主体的激励约束机制，推动消费减贫从以政府引导为主的特殊扶贫举措，向政府、市场、社会协同推进的常规性减贫措施转变，使消费减贫在巩固脱贫攻坚成果、解决相对贫困问题方面发挥更大作用。

第二节

支持革命老区振兴发展，夯实高质量发展的基础

“十四五”时期，要着力巩固拓展脱贫攻坚成果，压茬推进乡村振兴和新型城镇化，弘扬传承红色文化，推动绿色转型，发展特色优势产业，促进城乡融合发展，加快推动革命老区高质量发展进程。

一、支持重点革命老区加快振兴

精准支持革命老区振兴发展，研究2020年后支持革命老区振兴发展的政策体系。继续开展中央国家机关及有关单位对口支援赣南等原中央苏区，支持赣州市继续参照执行西部大开发政策，支持赣南等原中央苏区在加快革命老区高质量发展上作示范。继续组

织实施赣闽粤、陕甘宁、大别山、左右江、川陕等革命老区振兴规划，探索各具特色的振兴发展新路径。推动湘鄂渝黔革命老区振兴，支持湘赣边开展区域合作，支持海陆丰、琼崖等革命老区和沂蒙、太行等革命老区发展，加大对西路军和东北抗联等革命纪念设施的保护修复。

二、巩固拓展脱贫攻坚成果统筹推进乡村振兴和新型城镇化

（一）进一步巩固拓展脱贫攻坚成果

切实建立防止返贫机制，激发老区低收入群体发展的内生动力，不断增强低收入群体的获得感、幸福感和满意度，巩固脱贫攻坚成果。着力解决县域内一些镇村发展滞后问题，推动老区压茬推进乡村振兴，加快推进城乡融合发展，逐步建立城乡统筹的减贫助弱机制和政策体系。逐步提高军烈属后代等群体的社会保障水平和基本公共服务水平，夯实社会保障兜底和开发式减贫的基础。选择一批脱贫成效显著、具有发展潜能的县区，激励这些地方后发崛起、奋起直追，努力建设成为引领老区振兴的示范区。

（二）推动重点城镇建设

统筹巩固革命老区脱贫攻坚成果与推进新型城镇化建设，着

力构建革命老区中小城市和特色小城镇协同发展的新格局，共同形成完善区域经济布局的重要一环。着力提升革命老区中小城市功能，打造一批具有红色文化特色的生态宜居城市，加快补齐老区县城短板，壮大县域经济。支持老区县市在加快产业转型升级、传承弘扬红色文化、促进绿色转型发展等方面先行先试。促进中心城镇联动发展，提高公共服务能力，保留老区特有的地域文化特色。

三、加快振兴实体经济不断提升发展质量

（一）大力发展特色优势产业

充分发挥比较优势，推动建设稀土新材料、能源化工、生物医药等特色优势产业集群。鼓励科研院所和高校与老区合作共建创新平台，推进老区特色产业园区建设。加强特色农产品优势主产区建设，做大做强脐橙、茶叶、油茶、蜜柚、苹果等特色产业，支持建设一批特色农业园区和平台。打造赣南脐橙、六安瓜片、洛川苹果、田东香芒、通江银耳等一批知名农业品牌。

（二）拓展合作新空间

推动革命老区积极参与和主动融入国家重大区域发展战略，加强与广州、武汉、西安、成都等区域中心城市合作。支持闽粤、湘

赣、湘鄂、川渝、云桂等省（区、市）老区加强跨省协同联动发展，在基础设施互联互通、产业协同发展和生态保护修复等方面开展深度合作。

（三）完善现代化基础设施体系

重点支持革命老区跨区域大通道建设，全面建成途经革命老区的“八纵八横”高铁通道，结合区域发展和路网定位新规划建设一批区域联络线，争取实现每个革命老区至少建成一条纵向和横向高铁骨干通道，更好融入区域经济发展和城市群建设。完善革命老区高速公路和国省道公路网，研究建设一批干支线和通用机场。优化能源基础设施布局，加强重大水利设施建设。

四、弘扬传承红色文化，加快推动绿色发展

（一）弘扬传承红色文化

做好传承弘扬红色文化和红色基因的大文章，做好革命遗址保护修复工作，统筹建设长征国家文化公园，建设革命传统教育、爱国主义教育、青少年思想道德教育基地。支持红色电影、电视、小说等文艺作品创作，讲好红色故事。支持老区推进全域旅游和红色旅游景区建设，打造一批经典红色旅游线路。

（二）推动绿色转型和生态文明建设

立足独特的红色文化资源和绿色生态资源，发展乡村旅游，依托乡村民宿、文化古迹、旅游景区等资源，开发生态休闲、田园观光、旅游扶贫等业态，加快推动乡村旅游基础设施建设，打造一批经典旅游线路。支持发展绿色经济，推进资源节约集约循环利用，开展生态产品价值实现机制试点，促进产业生态化、生态产业化。

第三节

提升民族地区经济社会发展水平，促进各民族共同繁荣发展

坚持以习近平新时代中国特色社会主义思想为指导，全面贯彻党的民族政策，紧扣铸牢中华民族共同体意识这一主线，围绕各民族共同团结奋斗、共同繁荣发展的主题，以改善民生、凝聚人心为目的，以增强自我发展能力、推动基本公共服务均等化和基础设施通达程度均衡、促进各民族交往交流交融为重点，以完善体制机制和扶持政策为保障，推动民族地区经济社会持续健康发展，促进各民族像石榴籽一样紧紧拥抱在一起，推动中华民族走向包容性更强、凝聚力更大的命运共同体。

一、增强民族地区自我发展能力

（一）推进脱贫攻坚与乡村振兴战略有机衔接

习近平总书记指出，加快民族地区发展，核心是加快民族地区全面建成小康社会步伐。[1] 民族地区即将打赢脱贫攻坚战，迎来全面小康，但脱贫基础不够牢固，自我发展能力不足，需要警惕大面积返贫风险。因此，促进民族地区持续健康发展，关键举措之一仍是巩固来之不易的脱贫成果，增强贫困地区“造血”能力，加强乡村振兴战略规划落地实施。一方面，要与国家脱贫工作整体战略保持衔接，着力巩固民族地区脱贫攻坚成果，推进脱贫攻坚政策平稳过渡，建立解决相对贫困的长效机制。另一方面，要压茬推进乡村振兴战略，持续推动农业和农村现代化，加强农村人居环境整治，加快美丽宜居乡村建设，培育新型农业经营主体，支持发展特色手工业、养殖业、设施农业、庭院经济、乡村旅游等，促进农牧民稳定就业、持续增收。双管齐下，为民族地区发展夯实农村和基层基础。

---

[1] 《习近平在湖南考察时强调 深化改革开放推进创新驱动 实现全年经济社会发展目标》，《人民日报》2013 年 11 月 6 日。

（二）培育壮大特色优势产业

着力培育民族地区特色优势产业，有序开发民族地区特色优势资源，提高民族地区产业结构层次，增强民族地区自我发展能力和可持续发展能力。一方面，民族地区产业发展要彰显优势，精准定位。充分利用建立国内国际双循环发展新格局的战略机遇，加强规划统筹，突出民族特色，充分发挥民族地区资源禀赋和比较优势，精准定位特色产业，不断优化产业发展布局，引导产业逐步由“小、散、弱”向“规模化、专业化、品牌化”转变。另一方面，民族地区产业发展要优化结构，推动传统产业转型发展，同时积极培育新动能。加快推进农牧业、矿产资源开发等传统产业提质增效，推动农业节约集约发展，科学有序开发和利用煤炭、石油、天然气等矿产资源以及太阳能、风能、水能等清洁能源，推动资源能源开发利用更多惠及当地群众发展。因地制宜发展纺织服装、农产品深加工、消费电子、旅游等劳动密集型产业，完善产业链，增强企业抵抗风险和自主发展能力。深入挖掘优秀民族文化内涵，立足少数民族群众针织、刺绣、舞蹈、音乐、体育等特长，大力发展民族特色手工业、文艺创作、体育赛事等，促进民族文化与特色旅游深度融合发展。积极培育大数据、人工智能等战略性新兴产业，推动新技术、新产业、新业态、新模式等加快发展。

（三）加强生态环境保护和促进绿色发展

习近平总书记多次强调加强生态文明建设的重要性。推进民族地区经济高质量发展，加强资源环境保护和污染防治是必须跨越的一道重要关口。继续实施植树造林、退耕还林还草、防沙治沙、水土流失治理等一系列生态治理工程，加强重点区域、重点流域生态建设和环境保护，统筹山水林田湖草一体化保护修复，守护好民族地区的“绿水青山”。实施最严格的水资源管理制度，促进水土资源节约集约利用。完善能源消耗总量和强度“双控”制度，适度增加部分地区能源消耗总量控制的弹性。完善生态综合补偿机制，大力培育清洁能源、清洁科技、生态旅游等绿色经济，进一步增强将“绿水青山”转变为“金山银山”的能力，实现可持续发展。

（四）大力发展开放型经济

习近平总书记2020年在春节前夕赴云南看望慰问各族干部群众时指出，民族地区要主动服务和融入国家重大发展战略，以大开放促进大发展。一方面要加强对内开放合作。加强国内区域合作，积极承接东部沿海地区先进产业转移，与相关省市开展产业链分工合作，促进民族地区传统产业转型升级。充分利用好对口支援、扶贫协作等机制，积极与国内相关省市共建产业园区，创新发展“飞地经济”，完善税收分享、地区生产总值核算、绩效考核等制度，实现互利共赢。另一方面要积极扩大对外开放。充分发挥地缘优势，积极融入“一带一路”建设，利用跨境合作区、沿边开发开放试验区等功能平台，深入开展国际经济技术交流与合作。

（五）建立产业与人才双促进机制

习近平总书记2018年在春节前夕赴四川看望慰问各族干部群众时的指出，发展特色产业、长期稳定致富，都需要人才。把优秀人才选派到条件艰苦和情况复杂地区去磨炼意志、增长才干。[1] 产业发展和人才成长相互促进，产业发展关键在人才，人才是产业发展的重要支撑；引进、留住人才，必须搭建有利于干事创业的平台。要通过产业发展“筑巢引凤”，优化人才成长软硬件环境，吸引更多优秀人才特别是紧缺的专业型、实用型人才到民族地区就业创业。积极培养本地人才，按照适地适业原则，加强农村致富带头人、返乡创业人员、大学毕业生、农牧民等重点群体职业技能培训，创新实践订单、定向等培养方式，切实提高培训实效和就业率。健全覆盖民族地区城乡的公共就业创业服务体系，推进基层公共就业服务设施建设。充分发挥对口支援、扶贫协作等机制作用，促进干部人才交流。

---

[1]《习近平在中央第六次西藏工作座谈会上强调 依法治藏富民兴藏长期建藏 加快西藏全面建成小康社会步伐》，《人民日报》2015 年 8 月 26 日。

二、推动基本公共服务均等化和基础设施通达程度相对均衡

（一）优先发展教育

教育对于提高各族群众科学文化素质、推动民族地区振兴发展至关重要。要办好各级各类教育，完善教育教学基础设施，加强教师队伍建设，提升民族地区教育教学水平。加快学前国家通用语言文字普及力度，实现教育各阶段全覆盖。推动义务教育均衡发展，加强寄宿制学校规划建设。优化职业教育、高等教育布局，更好适应经济社会发展需求。

（二）健全公共卫生服务体系

看病就医是各族群众牵肠挂肚的关心事之一。切实提升民族地区医疗卫生水平，是增进民族地区民生福祉的重要方面。要健全县、乡、村三级医疗服务体系，加强医疗卫生队伍建设，提升医疗服务能力和水平。完善民族地区重大疾病防控、妇幼保健等公共卫生服务网络，进一步提高传染病、慢性病、地方病等检测、预防和治疗能力。加快民族医药事业发展，提升标准化水平和服务能力，加强民族医药资源保护利用，培育一批民族医药学科带头人。

（三）优化公共文化服务供给

推动民族地区社会主义精神文明和物质文明协调发展，必须完善各级公共文化设施，重点向乡村、连队等基层倾斜，推进基层文化服务中心建设。开展多姿多彩的文化下基层、体育赛事等活动，鼓励民营企业参与弘扬中华文化活动，丰富民族地区群众精神文化生活。加强民族地区广播电视译制能力建设，推广群众喜闻乐见的、弘扬主旋律的优秀文化作品和广播电视节目。

（四）完善重大基础设施体系

民族地区基础设施欠账多、缺口大，需要进一步加大支持力度。要充分发挥重大基础设施引导和支撑作用，聚焦提升互联互通水平，因地制宜推进铁路、高速公路、国省干线公路和通村公路、抵边公路建设，完善民航机场布局，促进支线机场和通用航空发展。推进重大水利枢纽和配套灌区建设。完善能源基础设施。

三、促进各民族交往交流交融

（一）推进各族人民共居共学共事共乐

随着各族群众在社会生活中的联系更加紧密，民族人口大流动、大融居的特点更加突出，需要创新完善体制机制和政策体系，构建互嵌式社会结构，加强少数民族流动人口服务管理，促进各民族共建美好家园、共创美好未来。同时，广泛开展群众性交流活动，增进各族群众相互了解、相互尊重、相互友爱。

（二）促进民族团结进步

民族团结是各族人民的生命线。要加强民族团结进步示范单位建设，鼓励各地创新方式载体，深入开展民族团结进步创建工作进机关、进企业、进乡镇、进社区、进学校、进宗教活动场所。加强民族团结进步宣传教育，引导各族群众不断增强"五个认同"，树立正确的国家观、民族观、宗教观、历史观、文化观。

（三）加强各民族文化交流互鉴

文化认同是最深层的认同。要加大对少数民族非物质文化遗产的保护力度，对濒危文化遗产进行抢救性保护，加强濒危文化资源数字化建设。充分挖掘少数民族民间故事、神话传说、民族史诗、音乐舞蹈等爱国文化资源，鼓励创作少数民族题材的文化作品，加强各民族文化交流，促进文化互鉴，打造中华文化标识。

第四节

支持边境地区建设发展，提高人口与经济支撑能力

一、建设沿边特色城镇

加强边境地区城镇规划建设，通过培育壮大边境市镇拉动边境地区整体发展，筑巢引凤吸引更多外来人口。推动公共资源向边境县市倾斜性配置，支持边境县市完善城市功能，推动基础设施互联互通、公共服务均等享有、社会治理扩面提质、应急能力显著提升，集聚人才与边境城镇共同发展。吸引高校毕业生、机关企事业单位优秀党员干部到边境市镇工作。结合边境地区城镇体系和国家级口岸布局，着力优化完善边境枢纽节点城市布局。

二、推进边境地区乡村振兴

巩固拓展脱贫攻坚成果，加大政策支持力度，建设生态宜居边境乡村，加快实现边境地区乡村振兴。立足边境地区实际情况，根据不同地区资源优势，加快推进特色农牧业、旅游业、边贸加工业发展，鼓励培育建设边境特色农产品生产加工基地和特色产业园区，加快发展边境旅游，大力培育开发具有边境特色的重点旅游景区和国际精品旅游线路。推动边境农村产业深度融合，鼓励农民合作社发展农产品加工、销售，拓展合作领域和服务内容，参与全产业链开发。

三、完善边境地区基础设施

加快推进边境地区公路建设，加快普通国省干线未贯通路段建设，推进普通国省干线提档升级，加强区域路网衔接。加快通向边境重点开发开放试验区、边境国家级口岸、边境城市、边境经济合作区和跨境经济合作区的高等级公路建设。提高农村公路网络化水平，加快实施通乡通村公路建设，推动具备条件的建制村通硬化路。加强产业路、资源路、旅游路等建设，强化园区、矿区、旅游景区等与干线公路的连接。推进边境地区铁路建设，有序加密区域铁路网络，完善口岸后方铁路集疏运系统，提高铁路客货运输服务覆盖范围。优化民用航空网络格局，推进边境城市重要机场改扩建工程，加强空管设施建设，提升既有机场容量，完善和提高机场保障能力，有序推进、合理布局边境城市支线机场和通用机场建设。

四、加大边境地区开放力度

加强沿边开发开放试验区、自由贸易试验区、综合保税区、边境经济合作区、边民互市区等各类开发开放平台建设，支持重点口岸提升综合服务功能和客货通行能力。加快以边境经济合作区、跨境经济合作区为重点的产业园区转型升级和产业结构优化，形成边境特色优势产业集群。加快建设口岸陆港、现代空港、境外转运港和物流信息港等，着力打造高品质的陆路集散网、空中快运网、国际联运网和信息服务网等，实现以供应链和价值链为核心的产业集聚发展。

第五节

健全灾后恢复重建工作新机制，提升灾后恢复重建能力和水平

我国是世界上受自然灾害影响最严重的国家之一，灾害种类多，分布地域广，造成损失重。近年来，在党中央、国务院坚强领导下，我国成功应对了汶川、玉树、芦山、鲁甸等重特大地震以及舟曲特大山洪泥石流等自然灾害，灾区恢复重建工作取得了举世瞩目的成就。但是，受全球气候变化等自然因素和人为因素耦合影响，我国极端天气气候事件及其次生衍生灾害呈增加趋势，破坏性地震仍处于频发多发时期，灾害风险形势严峻。为进一步做好特别重大自然灾害灾后恢复重建工作，报经国务院同意，2019 年 11 月，国家发展改革委、财政部、应急管理部联合印发了《关于做好特别重大自然灾害灾后恢复重建工作的指导意见》，建立了中央统筹指导、地

方作为主体、灾区群众广泛参与的灾后恢复重建新机制。

一、有序推进灾后恢复重建工作

按照党中央、国务院决策部署，启动救灾Ⅰ级响应的特别重大自然灾害，国家发展改革委、财政部、应急管理部牵头会同灾区所在省份启动恢复重建工作，按程序组建灾后恢复重建指导协调小组。指导协调小组负责研究解决恢复重建中的重大问题，指导恢复重建工作有力有序有效推进。灾后恢复重建工作按照以下程序开展。应急管理主管部门牵头综合评估灾害损失，确定灾害范围和灾害损失，形成综合评估报告，按程序报批后作为灾后恢复重建规划的重要依据。自然资源、应急管理等主管部门牵头对地质灾害等次生衍生灾害隐患点进行排查，开展地质灾害危险性评估，研究提出重大地质灾害治理和防范措施。住房城乡建设主管部门牵头做好受损鉴定，对住房及其他建筑物受损程度、抗震性能进行鉴定，指导做好住房及其他建筑物的恢复重建。财政主管部门根据灾害损失评估、次生衍生灾害隐患排查及危险性评估、住房及其他建筑物受损程度鉴定等，以及灾区所在省份省级人民政府提出的灾后恢复重建地方资金安排意见，牵头研究确定中央补助资金规模、筹集方式以及灾后恢复重建资金总规模，制定支持灾后恢复重建的财税、金融、土地、社会保障、产业扶持等配套政策。发展改革主管部门根据灾后恢复重建资金规模，在资源环境承载能力和国土空间开发适宜性评价基础上，牵头组织编制或指导地方编制灾后恢复重建规划，统筹规划重大项目。

二、强化地方各级政府的主体作用

地方各级政府是灾后恢复重建工作的主体。灾区所在省份省级人民政府承担灾后恢复重建主体责任，及时建立灾后恢复重建领导机制，认真落实党中央、国务院决策部署，按照灾后恢复重建规划，组织编制各领域恢复重建专项规划，细化制定灾后恢复重建相关政策措施，指导灾区所在市级及以下人民政府编制具体实施方案。灾区所在省份省级人民政府要合理安排重建时序、把握重建节奏，优先建设灾害防治、住房、教育、医疗卫生、广播电视等急需项目。灾区所在市级及以下人民政府作为恢复重建执行和落实主体，要建立专门工作机制，负责辖区内灾后恢复重建各项工作。组织力量进行废墟清理，制定建材、运输、施工保障方案。优化调整灾区政府考核评价机制，引导灾区集中力量抓好恢复重建。灾区所在省份省级人民政府可根据恢复重建需要，简化审批程序，下放审批权限，加快审批进度。灾区所在市县在严格执行项目基本建设程序和法律法规的前提下，可直接开展项目可行性研究等前期工作，有关部门同步开展规划选址、用地预审、环境影响评价、抗震设防等要件审批以及勘察、设计、地震安全性评价等工作。灾区所在省份各级人民政府要建立联系和服务群众工作机制，发挥广大灾区群众的主人翁作用，引导灾区群众积极主动开展生产自救。灾区所在省份省级人民政府要组织省内相对发达地区对口援建重灾地区，加强灾区所在市县干部配备，组织专业技术人才提供技术支持，鼓励和支持其他地区与灾区深化教育、医疗等合作。

三、强化灾后恢复重建的保障措施

灾后恢复重建是一项系统工程，要动员各方力量，完善保障措施。鼓励各民主党派、工商联、无党派人士、群团组织、慈善组织、科研院所、各类企业、港澳台同胞、海外侨胞和归侨侨眷等通过建言献策、志愿服务、捐款捐物、投资兴业等方式参与灾后恢复重建。规范使用中央财政补助资金，设立并合理使用省级重建资金。加强对灾后恢复重建政策措施落实、规划实施、资金和物资管理使用、工程建设、生态环保等方面情况的监督检查。加强廉政风险防控机制建设，按灾后恢复重建进度开展相关资金和项目跟踪审计。对网络舆情、来信来访和监督检查发现的问题进行专项督查，开展重点项目评议。加强舆论宣传工作统筹，发挥主流媒体主导作用，引导舆论关注重大工程、机制创新、典型事迹，强化灾区群众感恩自强、奋发有为和国内外大力支持灾后恢复重建的宣传导向，积极宣传灾区恢复重建后的新面貌、群众的新生活。同时，加强舆情监测，对不实报道等负面信息，要快速反应、及时发声、澄清事实，共同营造有利于灾后恢复重建的良好舆论氛围。

第六节

推进生态退化地区综合治理，促进人与自然和谐共生

落实生态文明建设要求，准确把握我国生态治理的阶段性变化，重点聚焦生态退化地区，从转变当地的生产生活方式入手，多措并举，加快推动实现地区经济社会高质量发展和绿水青山提质增效的双赢。

一、实施山水林田湖草系统治理提高保护与治理成效

我国地域辽阔，区域差异大，生态系统类型多样。要根据不同区域的自然生态条件，科学选择生态保护和修复方式，坚持宜封则封、宜造则造、宜荒则荒的治理思路，防止过度采取人工措施。坚

持封山育林、封山禁牧与人工造林、草地治理并举，乔灌木、带片网相结合，科学高效地恢复林草植被。坚持因地制宜、以水定量，根据水资源条件合理确定生态修复的规模和强度，全面提高生态恢复的质量。进一步强化建后管护工作，按照“谁治理、谁投资；谁管护、谁受益”的原则，层层签订管护责任书，结合自然资源资产产权确权登记工作，将成果管护责任落实到乡镇、到村、到个人。继续推行禁垦、禁牧、禁樵制度，坚决杜绝边治理边破坏的现象。

二、发展特色小城镇减轻生态退化地区人口压力

我国生态退化地区大部分也是相对贫困地区、少数民族地区和边境地区，人地矛盾突出。长期以来区域土地利用方式粗放，生态空间被大量挤占和破坏，应按照高效集约的原则，通过发展特色小城镇适度集聚人口，减轻生态保护重点地区的人口压力，实现人口与资源环境承载能力相协调。要以人的城镇化为核心，按照尊重意愿、自主选择、因地制宜、分步推进的原则，合理引导人口流动，有序推进农业转移人口市民化，逐步使符合条件的农业转移人口落户城镇。要研究推进城镇基本公共服务由主要对本地户籍人口提供向对常住人口提供转变，逐步解决在城镇就业居住但未落户的农村人口享有城镇基本公共服务问题。要强化各级政府责任，合理分担公共成本，充分调动社会力量，构建政府主导、多方参与、成本共

担、协同推进的农业转移人口市民化机制。

三、培育特色优势产业增强区域内生发展动力

产业是推进城镇化的重要基础，是吸纳农村富余劳动力的重要载体，是增加农业转移人口收入的重要支撑。要在严格保护生态环境的前提下，以市场为导向，以区域的资源禀赋和发展基础为依托，大力发展特色优势产业。要加快建成一批规模大、效益好、带动力强的特色产业发展示范基地，重点扶持一批龙头企业和农民专业合作社，逐步形成"一县一业、一村一品"的发展格局，实现特色优势产业产值和农民可支配收入的双增长。大力推广"龙头企业 + 专业合作组织 + 基地 + 农户"的合作模式，因地制宜发展品牌产品，加大产品营销和品牌宣传力度。要健全流通网络，引导产销对接，通过发展连锁经营、物流配送、电子商务、农超对接等现代流通方式，降低物流成本。加快构建科技服务平台，切实加强技术服务指导，积极搭建农民、企业与科研院所合作平台，加快先进实用技术转化和科技成果推广。加大投入力度，逐步建立政府引导，农民、企业和社会为主体的多元化投入机制，积极构建多元化融资平台，鼓励社会资本参与，增强市场活力。

四、加快生态保护补偿法制建设

（一）加快完善重要生态系统和重要区域的国家财政补助机制

经过多年的探索和实践，我国纵向生态保护补偿机制已经初步建立，但仍存在补偿双方权利义务不明晰、补偿标准调整机制不健全、补偿效果监督评估不到位等问题。要通过签订协议或协商等方式，明确生态保护补偿各方的权利义务关系，稳定各方预期，发挥法律法规管长远、管基础的作用。要明确生态保护补偿标准的制定依据和调整方式，综合考虑生态保护目标、经济发展水平、财政承受能力等多因素，确定补偿的范围、补偿的标准和补偿的方式等。要明确行业主管部门的职责，建立生态保护补偿成果监督评估机制，根据评估结果合理调整生态保护补偿的范围和标准。

（二）优化形成共商共建共享的地方政府合作机制

水资源是经济社会发展重要的物质基础，加强重要流域、重要湖泊、大型引调水工程水源区的保护关乎国家生态安全和可持续发展。这些领域有直接的生态产品，有较为清晰的生态保护者和受益者，具备建立生态保护补偿机制的良好基础。但总体上看，由于水源区和受水区等各方对各自的权力和义务认识不一致，矛盾较大，协调困难，补偿机制建设进展缓慢。健全生态保护的地方合作机制应以生态功能重要、生态环境问题突出、保护和受益关系明确的领域为重点，通过签订生态保护补偿协议的方式，明确各方的权利义务关系，综合考虑生态保护治理成本、生态保护改善收益、财政支付能力等因素，协商确定生态环境监测指标、生态保护补偿基准、生态保护补偿标准和方式等，约定协议期限和违约责任。

（三）建立健全有利于实现生态产品价值的社会主体交易机制

党的十九大报告提出建立市场化、多元化生态保护补偿机制，更好地发挥市场机制在生态保护补偿中的作用。要实施水电资源开发补偿机制，鼓励水电开发企业履行社会责任，加大对水电资源开发项目所在地的扶持力度，探索绿水青山就是金山银山的实现路径。要探索建立用能权、用水权等资源使用权利的市场化交易机制，健全激励约束机制，协调不同类型资源使用主体之间的关系，提高资源利用效率，实现资源使用的优化配置。要探索完善排污权、碳排放权的市场化交易机制，健全激励约束机制，协调不同类型排放主体之间的关系，降低污染治理社会成本，激励企业技术创新，提高污染防治效果。要建立绿色产品评价认证体系和绿色金融体系，营造支持绿色产业发展、促进绿色制造和绿色消费的市场环境。

（四）强化各方合作的生态保护补偿部际协调机制

生态保护补偿工作是一项涉及面广、政策性强的复杂系统工程，需要各有关部门密切沟通，加强合作，形成推动合力。要进一步发挥生态保护补偿工作部际联席会议作用，统筹推进生态保护补偿条例的制定和修订工作，研究解决生态保护补偿机制建设中的重大问题。同时，要鼓励和引导各级人民政府比照中央的做法建立生态保护补偿工作联席会议制度，加强对生态保护补偿工作的统筹指导和协调。

第七节

促进资源型地区高质量发展，提升可持续发展能力

坚持以人民为中心的发展思想，坚定不移贯彻新发展理念，有效保障国家能源资源安全，持续推进产业转型升级，重点加强民生保障和基本公共服务供给，不断完善可持续发展长效机制，着力推动资源型地区实现高质量发展。

一、促进各类资源型地区特色发展

按照习近平总书记关于构建优势互补高质量发展的区域经济布局的总体要求，资源型地区要按照精准分类、科学施策的原则，深入挖掘本地区资源禀赋、发展基础等差异化特征，明确功能定位，

发挥比较优势，科学合理确定主要发展任务。支持资源枯竭城市因地制宜发展接续替代产业，不断提升转型发展内生能力，努力破解制约城市发展面临的资源枯竭、经济增长动力缺失等现实困境。针对采煤沉陷区和独立工矿区等问题比较集中的特殊资源型地区，继续深入实施重点采煤沉陷区综合治理和独立工矿区改造提升工程，发挥中央预算内投资示范带动作用，加强地质灾害治理，不断改善生态环境质量，加快优化生产生活条件。鼓励资源富集地区充分发挥资源禀赋优势，加强创新能力建设，加快发展动能转换，逐步破解资源开发引起的相关矛盾问题，探索资源富集地区创新发展模式。

二、统筹推进资源开发与转型发展

习近平总书记指出，资源枯竭地区经济转型发展是一篇大文章，关键是要贯彻新发展理念，坚定不移走生产发展、生活富裕、生态良好的文明发展道路。[1]能源资源保障是资源型地区承担的一项重要职能。资源型地区要把保障国家能源资源安全作为新时代转型发展的主要目标，稳步提高资源稳定供应能力和开发利用水平，集中在一些开采条件好、环境承载能力强的地区，建设一批能源资

[1]《习近平在江苏徐州市考察时强调 深入学习贯彻党的十九大精神 紧扣新时代要求推动改革发展》，《人民日报》2017 年 12 月 14 日。

源基地。同时，资源型地区要根据区域资源环境承载力，科学制定资源开发和经济社会发展目标，促进资源开发与城镇发展、生态保护相协调。加快构建绿色高效的资源开发模式，协调推进绿色生产、绿色消费，努力形成有利于资源节约和环境保护的空间格局、产业结构、生产方式，推动发展与保护的内在统一、相互促进，实现经济、社会和生态等要素配置最优化和综合效益最大化。资源型地区要加快构建创新引领发展模式，持续完善创新体系，加快推进创新驱动发展，依托资源优势发展资源精深加工产业，加快开采工艺、材料研发、装备设计等领域特色创新平台建设，培育能源化工、节能环保、装备制造、新型材料等创新产业集群。

三、加快培育发展接续替代产业

推动经济高质量发展，要把重点放在推动产业结构转型升级上。资源型地区要积极适应高质量发展要求，加快产业新旧动能转换，促进产业转型升级。资源型地区要通过延伸资源型产业链条，提高资源综合利用率和产品精深加工度，积极发展配套装备设备制造产业，不断提高产品科技含量和附加值。打造若干特色鲜明、主业突出的产业基地，引导产业入园发展、集聚发展，加快建设完善一批专业化产业园区和集聚区，在降低产业发展成本的基础上，带动接续替代产业集约化发展，以产业发展规模效应的放大，不断提升产业发展的影响力。加大对资源型地区传统优势产业技术改造支持力度，进一步提升部分传统产业产能集中度。实施多元化产业培育升级行动，因地制宜培育发展若干特色新兴产业集群。充分挖掘资源型地区自然山水和人文资源优势，培育壮大休闲旅游、健康养老等特色服务业。努力改变资源型地区长期以来存在的传统产业多新兴产业少、低端产业多高端产业少、资源型产业多精深加工增值产业少、劳动密集型产业多资本科技密集型产业少的状况。进一步强化资源型地区产业功能定位，积极承接发达地区、中心城市产业转移，推动形成以产业转移为基础的区域间合理分工，推动资源型地区切实把区位优势转化为开放优势、发展优势。

四、提升基本公共服务和民生保障水平

资源型地区要把坚持以人民为中心的发展思想落实到转型发展的具体行动上，按照基本公共服务均等化、基础设施通达程度均衡化的发展目标，促进城矿基础设施和公共服务设施共建共享，有序推进基础设施提档升级，加快公共服务提标扩面，促进产业配套设施提质增效。扎实做好稳就业、促增收工作，统筹抓好教育、社会保障、医疗、卫生等民生工程，着力完善矿业工人职业病、常见病防治设施建设，提高卫生防疫设施水平。统筹做好重点群体就业工作，加大再就业政策支持力度。推进社会保障服务统筹，支持建立城矿统一的居民社保制度，逐步缩小不同区域间的保障标准差距。牢牢把握良好生态环境是最普惠的民生福祉，践行绿水青山就是金

山银山发展理念，坚决摒弃损害甚至破坏生态环境的发展模式，坚决摒弃以牺牲生态环境为代价换取一时一地经济增长的做法，切实改善区域生态环境质量，建设宜居宜业的工矿城市，提供更多优质生态产品以满足人民日益增长的优美环境需要，让资源型地区人民群众切实享受到高质量发展的成果红利，为资源型地区实现高质量发展厚植生态优势和发展优势。

第八节

支持老工业城市更新改造，促进老城市焕发新活力

落实高质量发展要求，着眼于构建现代化经济体系、促进城市经济整体转型，加快制造业竞争优势重构，加强工业遗产保护利用，推动老工业区改造升级，全面激发老工业城市经济和社会发展的新动力、新活力。

一、加快制造业竞争优势重构，打造“产业名城”

以打造一批创新资源多、产业结构优、竞争实力强的“产业名城”为切入点，推动老工业城市由“工业老城”向“产业名城”转变。做强做精主业，全面梳理老工业城市制造业发展的有利条件和

不利因素，集中资源强优势、补短板，下决心降低不具备比较优势产业的比重，下气力培育若干支柱产业，打好产业基础高级化和产业链现代化的攻坚战。促进多元发展，因地制宜优化产业结构，宜工则工，宜商则商，建立适应当地发展实际的现代产业体系。把握制造业与服务业融合发展的新趋势，积极发展生产性服务业和生活性服务业，形成优势互补、良性互动的产业发展格局。强化创新驱动，创新工作思路和工作举措，提高服务能力，下气力营造各类市场主体公平竞争的环境，不断强化科技创新、要素支撑、可持续发展等方面的制度供给。推动整体转型，从经济社会发展的全局出发，处理好产业转型升级和城市发展的关系，重视产城融合，统筹谋划制造业竞争优势重构、工业遗产保护利用、城市空间布局以及人口分布、公共服务供给等，促进城市经济整体转型。

二、加快工业遗产保护利用，打造“生活秀带”

以打造一批集城市记忆、知识传播、文化创意、休闲体验于一体的“生活秀带”为切入点，推动老工业城市由“工业锈带”向“生活秀带”转变。强化以用促保，充分认识工业遗产除了物质形态还有制度形态和精神形态，具有区别于其他自然文化遗存的特殊性，突出强调其保护方式的灵活性，寓保护于利用之中，让工业文化融入群众生活，真正实现在发展中保护、在保护中发展。完善政策体系，强化顶层设计和分级分类管理，形成能够彰显发展历程和文化特色的工业遗产保护利用体系。调动各方力量，强化部门合作，加强政策协同，充分发挥地方积极性，鼓励因地制宜探索工业遗产科学保护与合理利用的有效路径。发挥政府投资引导作用，有效汇聚各类社会资源，营造各类主体共同参与的良好氛围。突出保护重点，全面加强、有序推进各级各类工业遗产保护利用工作，重点做好国家级和省级工业遗产保护利用，注重利用现代科技手段提高工业遗产保护利用水平。

三、推动老工业区改造升级，增强辐射带动作用

统筹推进老工业区改造升级和新动能培育，把老工业区建设成为经济繁荣、功能完善、生态宜居的现代化城区。鼓励因地制宜，立足老工业区区位特点、资源禀赋条件和产业发展基础，引导地方探索各具特色的老工业区改造升级路径，吸引文化、科技、人才、资本等要素集聚。创新发展模式，创新老工业区改造升级的组织模式、资金筹措模式、公共服务设施建设与运营模式、土地治理与开发利用模式，调动各方面积极性，增强改造升级动力。补齐发展短板，加大对老工业区基本公共服务、基础设施建设、公共研发平台建设的支持力度，注重促进就业和增加居民收入，提高基本公共服务水平，全面保障和改善民生。优化发展环境，鼓励老工业区深入推进“放管服”改革，全面落实《优化营商环境条例》，加快推进国有企业改革，优化有利于民营经济发展的环境。支持社会力量参与老工业区改造升级，充分发挥市场机制作用，激发市场活力。

第九节

推进试点示范和重点园区建设，支持有条件地区率先实现经济高质量发展

一、推进产业转型升级示范区建设

结合“十四五”规划研究新时代支持产业转型升级示范区建设的政策措施。统筹做好示范区建设方案修编工作，支持示范区围绕产业转型和城市更新抓实抓好各项重点任务，以产业转型升级提升城市功能品质，全面加快新型基础设施和新型城镇化建设，建设区域性中心城市。落实县城城镇化补短板强弱项有关部署，研究在有条件的县城建设一批产业转型升级示范园。将示范区建设与各项激励政策紧密结合，强化示范区年度评估结果运用，对评估结果为优

秀的示范区在安排中央预算内投资时增加切块额度，对获得通报表扬的示范园区和示范项目，优先安排政策资金支持。

充分发挥中央预算内资金的引导带动作用。进一步鼓励中央预算内资金投向产业转型升级的关键环节和重点领域，将支持示范区建设的中央预算内投资对公共创新平台的支持范围扩展至示范区全域。聚焦国家重大战略和重大工程，加快储备一批产业转型升级重大项目，促进形成有效投资。强化重大项目要素保障，优化项目审批程序，保障项目顺利推进。

二、推进重点开放合作园区建设

加大对中德（沈阳）高端装备制造产业园、中韩（长春）国际合作示范区等园区的支持力度，鼓励在符合条件的地区新建一批对外开放园区和区域合作园区，开展产业转型升级、工矿废弃地治理、生态修复、职业教育和技术技能人才培养国际合作。完善“管委会＋平台公司”运行模式，提高园区市场化建设和运营水平。支持园区项目引进和建设，努力形成“大项目顶天立地、小项目铺天盖地”的良好态势。打造国际一流营商环境，鼓励开展行政审批“承诺备案制”试点，深化投融资体制机制和商事制度改革，建立与国际投资贸易通行规则相衔接的制度体系，建设国际化、市场化、法治化、便利化的营商环境。全面建立行政审批清单管理制度，做到清单外无审批。

三、推进重点区域合作发展

加大对湘赣边区域合作的支持力度，探索跨省区合作的新路径。支持湘赣边、鄂豫陕、苏鲁豫皖、川南渝西等多省交界地区合作，探索革命老区振兴、生态退化地区综合治理和老工业城市、资源型地区协同转型新路径，加强在基础设施、基本公共服务、产业发展等方面统筹规划，建设一批跨省合作园区。支持有条件的城市试点构建和创新城际协同协商机制，促进协同发展。

后 记

本书是在国家发展改革委党组书记、主任何立峰同志的直接领导下，党组成员、副主任丛亮同志的悉心指导下完成的。国家发展改革委地区振兴司具体组织完成了书稿的撰写工作，中国计划出版社为书稿编排付出了辛勤劳动。

本书深入学习领会习近平总书记关于扶贫工作和特殊类型地区振兴发展重要论述，总结了党的十八大以来特别是“十三五”时期脱贫攻坚和特殊类型地区振兴发展取得的历史性成就，分析了“十四五”时期特殊类型地区振兴发展的机遇与挑战，阐述了“十四五”时期巩固提升脱贫攻坚成果、促进特殊类型地区振兴发展的总体思路。本书希望为从事老少边贫等特殊类型地区振兴发展理论和实践工作的读者提供一些参考，为谋划“十四五”时期特殊类型地区振兴发展提供一些借鉴。

童章舜、孙广宣、王心同、王冬欣、傅久岭、赵文广、许欣、刘洋、徐欣、宋元媛、张磊、王彬、吴家禄、李传松、高威、蒋大伟、刘通、卢洋、仝云岗、王晓璞、马怡心、张超、曹原、刘源、吕瑞石、李欣、李想、尹力、何沛、张璇、易圣洁、李天娇、欧思佳、郭叶波、刘强、李栋梁、韩俊飞、覃远曦等同志参与了本书的写作和修改，袁达、赵怀勇、张志强、徐豪熠、石许朋、刘开恩、高显春、姜波、张治棠、张庆杰、黄征学、曹忠祥等同志对全书进行了审读，中国计划出版社秦洁、康媛媛同志对全书进行了编辑，李元胜、徐祯耀、徐永强、胡军、张强、董燕艺等同志对全书文字进行了校核，在此一并表示感谢。

本书编写组

2020 年 8 月

学习贯彻习近平新时代中国特色社会主义经济思想

做好“十四五”规划编制和发展改革工作

| 系列丛书 |

编委会